事例でわかる
不正・不祥事防止
のための内部監査

弁護士・公認会計士・
公認不正検査士
樋口　達 ［編著］

公認会計士・税理士
高橋龍徳 ［著］

弁護士
山内宏光

中央経済社

はしがき

　時代は，令和に入った。新しい時代に入ったとはいえ，これからも今までと同様，企業において，不正・不祥事が発生しないということはないだろう。企業における不正・不祥事を，完全に防ぐことは難しい。

　数多くの企業にとって，報道されている不正・不祥事は，対岸の火事かもしれない。しかし，不正・不祥事が発覚すると，関係者はさまざまな対応に忙殺され，翻弄されることとなる。できるだけ早いうちに火事（不正・不祥事）を発見し，素早く的確に消火作業をすること，これは企業のリスクマネジメントの要諦である。

　企業において不正や不祥事をできるだけ早く発見するための重要な機能の1つが，内部監査である。本書は，実効的な内部監査を実施するにあたって留意すべきポイントについて，いくつかの実際の事例を検討しながらまとめたものである。

　まず，第1章では，内部監査の役割とその重要性について述べる。

　第2章では，最近発覚して公表された8つの事例を取り上げ，内部統制上の問題点（不正の発生原因）と内部監査における問題点（早期発見できなかった理由）とに分類し，その改善対応について分析している。

　そして，第3章では，実際に内部監査を行うにあたって参考とすべき具体的なチェック項目と留意事項について解説している。

　本書がヒントとなり，内部監査による不正・不祥事の早期発見に資することができれば，望外の喜びである。

2　はしがき

　最後に，本書出版にあたっては，企画の段階から，中央経済社の和田豊氏，石井直人氏に多大なお力添えをいただいた。この場を借りて御礼申し上げたい。

　令和元年8月

弁護士　公認会計士　樋　口　　達

i

目　　次

はしがき

第1章　不正・不祥事と内部監査 ……………………………………… 1

1　内部監査の重要性　2

2　内部監査を機能させるためには？　5

3　他社事例に学べ　9

第2章　不正・不祥事事例 ……………………………………………… 13

第1　従業員が，協力会社に対して，外注費の水増し発注，架空発注を繰り返した事例 ……………………………………… 17

1　事案の概要　17

2　内部統制上の問題点　19

(1)　本件不正行為の発生原因　19

(2)　改善のポイント　22

3　内部監査が機能しなかったことの問題点　24

(1)　内部監査の状況　24

(2)　改善のポイント　25

第2　経理責任者が，会社の預金口座から金員を不正に繰り返し引き出して横領した事例 …………………………… 29

ii 目　次

　　1　事案の概要　29

(1) 判明した不正行為の内容　29

(2) 数々の偽装・隠ぺい工作　30

　　2　内部統制上の問題点　32

(1) 本件不正行為の発生原因　32

(2) 改善のポイント　34

　　3　内部監査が機能しなかったことの問題点　36

(1) 内部監査の状況　36

(2) 改善のポイント　36

第3　従業員が10年以上にわたり金銭を着服していた事例……39

　　1　事案の概要　39

　　2　内部統制上の問題点　40

(1) 本件不正行為の発生原因　40

(2) 改善のポイント　41

　　3　内部監査が機能しなかったことの問題点　42

(1) 内部監査の状況　42

(2) 改善のポイント　43

第4　従業員による貴金属類の商品の不正持出しおよび転
　　　売行為の事例………………………………………………45

　　1　事案の概要　45

　　2　内部統制上の問題点　46

(1) 本件不正行為の発生原因　46

(2) 改善のポイント　48

　　3　内部監査が機能しなかったことの問題点　49

(1) 内部監査の状況　49

(2) 改善のポイント　49

目　次　iii

第5　元従業員が不正に商品を受領し，換金横領した事案……51

1　事案の概要　51

2　内部統制上の問題点　52

(1)　本件の発生原因　52

(2)　改善のポイント　57

3　内部監査が機能しなかったことの問題点　58

(1)　内部監査の状況　58

(2)　改善のポイント　59

第6　代表取締役が，取引先を経由させて社外流出させたグループ子会社の資金を横領した事例……………………62

1　事案の概要　62

(1)　3社グループ商流　62

(2)　F社商流　63

2　内部統制上の問題点　63

(1)　本件の発生原因　63

(2)　改善のポイント～コーポレート・ガバナンスの強化　64

3　内部監査が機能しなかったことの問題点　66

(1)　内部監査の状況　66

(2)　改善のポイント　68

第7　連結子会社の事業部部長による広告宣伝費の計上時期の繰延行為の事例………………………………………73

1　事案の概要　73

2　内部統制上の問題点　77

(1)　本件不正行為の発生原因　77

(2)　改善のポイント　79

iv 目 次

3 内部監査が機能しなかったことの問題点　81

(1) 内部監査の状況　81

(2) 改善のポイント　82

第8 工場において棚卸資産が過大計上され，売上原価が過少計上されていた事例 ………………………………… 84

1 事案の概要　84

2 内部統制上の問題点　86

(1) 本件不正行為の発生原因　86

(2) 改善のポイント　89

3 内部監査が機能しなかったことの問題点　90

(1) 内部監査の状況　90

(2) 改善のポイント　91

第3章 内部監査の具体的チェック項目および留意事項 ……… 93

1 出納関連取引　95

(1) 取引の特色　95

(2) 内部統制上の留意事項　97

(3) 内部監査上の留意事項　101

(4) 現金の実査に関する留意事項　103

(5) 預金通帳・証書の実査に関する留意事項　104

(6) 受取手形の実査に関する留意事項　105

(7) 有価証券の実査に関する留意事項　107

2 販売関連取引　108

(1) 取引の特色　108

(2) 内部統制上の留意事項　114

(3) 内部監査上の留意事項　124

3　購買関連取引　129

(1) 取引の特色　129

(2) 内部統制上の留意事項　132

(3) 内部監査上の留意事項　141

4　在庫管理　144

(1) 取引の特色　144

(2) 内部統制上の留意事項　146

(3) 内部監査上の留意事項　155

5　販売費及び一般管理費　161

(1) 取引の特色　161

(2) 内部統制上の留意事項　161

(3) 内部監査上の留意事項　164

6　子会社および関連会社に対する監査　167

(1) 往査する子会社等の選定　167

(2) 往査時期の決定　168

(3) 監査上の留意事項　168

コラム目次

内部監査の必要性とは？……4
内部統制とは？……10
不正のトライアングル仮説とは？……15
リスクへの対応とは？……24
内部監査担当者の基本的任務とは？……26
内部監査部門の組織上の位置づけとは？……60
各種監査の連携：三様監査とは？……70
小口現金とは？……96
銀行勘定調整表とは？……97
金融手形とは？……106
新収益認識基準とは？……109
要式証券とは？……112
売上計上基準とは？……118

第1章

不正・不祥事と内部監査

近時，不正・不祥事を早期に発見する機能として，内部監査の役割が注目されている。本章では，なぜ内部監査が重要なのか，内部監査を有効に機能させるためにはどうしたらよいかについて解説する。

1 内部監査の重要性

　これからの企業活動において，内部監査はますます重要になってきている。

　不正・不祥事が発生した場合，企業が被るダメージは甚大である。しかも，直接的なダメージだけではなく，その後の不正・不祥事に対する対応いかんにより，企業イメージや信頼が低下し，さらにダメージが広がっていくこともありうる。不正・不祥事の発生によって失われた取引先，消費者など利害関係者からの信頼を取り戻すことは容易ではない。不正・不祥事は企業の存亡につながるおそれもある。

　企業としては，まずはこのような不正・不祥事を「未然に防ぐ」ということを考えるべきである。しかし残念ながら，不正・不祥事は，どのような企業においても，どのような対策を行っていても起こりうる。

【内部監査の重要性】

> 不正・不祥事の「未然」防止
> → しかし，完全に防ぐことは難しい
> → 早期発見（＝内部監査の役割）の重要性

　企業活動は，多様な人々が分業するからこそ発展する。そのため，会社にはさまざまな人が存在することになる。ルールを守る人，少しぐらいのルールなら守らなくてもいいと思う人，一度ルールを破ったことでその規範意識が鈍麻してしまう人もいるだろう。会社で不正が発生するのは，全くルールがないことが原因ではなく，なんらかの理由でルールが無視されることが原因であることのほうが多いのである。

　また，残念ながら，不正・不祥事の内容は，「進化（巧妙化）」することもある。不正・不祥事を防ぐためにさまざまな対策をとることは必要であるが，す

べての可能性を想定して，網羅的な対策を行うことは，ほぼ不可能に近いだろう。

そこで，不正・不祥事を早期に発見する機能として，「内部監査」が重要となってくる。すなわち，不正はある程度発生するであろうことを前提に，内部監査によって，「早期に発見する」という視点を持つということである。なお，そのような早期発見機能があるということは，結果的に不正を「未然に防止する」ことにつながる可能性もある。自社において，不正を早期に発見する体制があれば，不正を実行しようとしたとしても，実行することに躊躇を覚えるだろう。このため，結果的には，不正を未然に防止することにもつながるのである。

【早期発見による未然防止効果】

内部監査による早期発見機能
→ 不正実行者が躊躇
→ 結果的に「未然防止」につながる

平成30年6月から，組織的な犯罪の解明に協力する見返りとして，自己の刑事責任の軽減を受けられる「日本版司法取引制度」が導入された。今後は，企業の法務戦略として，この制度をどのように活用するかを検討する必要があるだろう。日本版司法取引制度を有効に活用するためには，不正・不祥事をいち早く把握する体制整備が欠かせない。このような点からも，内部監査機能の重要性が増しているのである。

コラム 内部監査の必要性とは？

　日本内部監査協会が作成した「内部監査基準」によれば，内部監査の必要性について，以下のように説明されている。

> 「組織体が，その経営目標を効果的に達成し，かつ存続するためには，ガバナンス・プロセス，リスク・マネジメント及びコントロールを確立し，選択した方針に沿って，これらを効率的に推進し，組織体に所属する人々の規律保持と士気の高揚を促すとともに，社会的な信頼性を確保することが望まれる。
> 　内部監査は，ガバナンス・プロセス，リスク・マネジメント及びコントロールの妥当性と有効性とを評価し，改善に貢献する。経営環境の変化に迅速に適応するように，必要に応じて，組織体の発展にとって最も有効な改善策を助言・勧告するとともに，その実現を支援する。
> 　ガバナンス・プロセス，リスク・マネジメント及びコントロールの評価は，権限委譲に基づく分権管理を前提として実施される。しかも，この分権化の程度は，組織体が大規模化し，分社化や組織体集団の管理がすすみ，組織体の活動範囲が国際的に拡張するにしたがい，より一層高度化する。
> 　この分権管理が組織体の目標達成に向けて効果的に行われるようにするためには，内部監査による独立の立場からの客観的な評価が必要不可欠になる。」

　すなわち，経営体が，その経営目標を達成するためには，権限委譲等の分権体制が必要となる。そして，この分権体制を，効率的，効果的，かつ，機能的に支援するためには，ガバナンス・プロセス，リスク・マネジメントおよびコントロールに対して，一定の規律，規範を持たせるために，「独立の」立場からの，「客観的な」評価機能が必要となる。その評価機能と位置づけられるのが，「内部監査」である。

　なお，内部監査は，内部統制の構成要素の1つである，モニタリング（監視活動）という役割を果たすものとして位置づけられる。

2 内部監査を機能させるためには？

ところで，内部監査は，業務の適正を確保するための体制，いわゆる「内部統制システム」の構成要素の重要な一部であり，内部統制システムの構成要素のうち，「モニタリング」という機能を担っている。有効に機能する「内部監査」体制を整備し，機能させることは，有効な内部統制システムを構築・運用することにつながる。

では，有効な内部監査体制を整備しないと，どのような問題が生じるのだろうか。

この点を理解するために，内部統制構築義務に関する判例の考え方を整理しておきたい。これについては，日本システム技術事件最高裁判例（最判平21・7・9判時2055号147頁）における考え方が参考になる。

この事件では，事業部長が，部下と共謀して，約4年にわたり総額約11億円の架空売上計上を行っており，その発覚を免れるためさまざまな偽装工作を行っていた。事業部長らのとった架空売上計上ないし隠ぺいの手法は，相手方の偽造印を作って注文書を偽造する，売掛金残高確認書を開封することなく回収して，相手方になりすまして返信するなど，極めて悪質かつ巧妙であった。そして，この事実の公表によって株価が下落したことについて，代表取締役の責任が問われた，という事例である。

最高裁は，以下のような枠組みで，代表取締役には義務違反はないと判断した。

【内部統制の仕組み】
① 通常想定される架空売上の計上等の不正行為を防止しうる程度の管理体制を整えていたか否か
【発生した不正の内容】
② 発生した不正は通常容易に想定しうるものか否か
③ 予見すべきであるという特別の事情があるか

6　第1章　不正・不祥事と内部監査

【内部統制の運用】

④　リスク管理体制が機能していたか

すなわち，まず①内部統制の仕組みについては，

ア　職務分掌規定等を定めて，事業部門と財務部門を分離し，

イ　事業部について，営業部とは別の部を設置し，それらのチェックを経て財
　　務部に売上報告がされる体制を整え，

ウ　監査法人および会社の財務部が，それぞれ定期的に，販売会社宛てに売掛
　　金残高確認書の用紙を郵送し，その返送を受ける方法で売掛金残高を確認
　　することとしていた

ことから，通常想定される架空売上げの計上等の不正行為を防止しうる程度の
管理体制は整えていた，と評価した。

　そして，②当該従業員の行った不正は，

ア　事業部の部長が部下数名と共謀して，販売会社の偽造印を用いて注文書等
　　を偽造し，別の課の担当者を欺いて，財務部に架空の売上報告をさせてお
　　り，

イ　営業社員らが販売会社の担当者を欺いて，監査法人および財務部の売掛金
　　残高確認書の用紙を未開封のまま回収し，金額を記入して偽造印を押捺し
　　たものを監査法人または財務部に送付し，見掛け上は売掛金額と販売会社
　　の買掛金額が一致するように巧妙に偽装する

という，通常容易に想定し難い方法によるものであり，
　③本件以前に同様の手法による不正行為が行われたことがあったなど，代表
取締役に本件不正行為の発生を予見すべきという特別の事情もなく，

④リスク管理体制が機能していたかについては,

ア　売掛金債権の回収遅延につき,事業部長らが挙げていた理由は合理的なもので,

イ　販売会社との間で過去に紛争が生じたことがなく,

ウ　監査法人も財務諸表につき適正であるとの意見を表明していた

ことから,リスク管理体制が機能していなかったということはできない,と評価し,内部統制構築義務に違反した過失はないと判断したのである。

　ここでのポイントは,最高裁判例の基準に従えば,内部統制構築について,「通常想定される」不正を防止する体制がとられているかが重要であり,「すべての不正」を想定して網をかけるような,極めて高いレベルのものまでを求めているわけでないということである。

　実はこの事件の原審は,代表取締役に責任があるものと判断していた。原審では,事業部長らが企図すれば容易に本件不正行為を行いうるリスクが内在していた,そしてその可能性を予見することは可能であり,また当該リスクを排除ないし低減させる対策を講じることは可能であったにもかかわらずこのような対策を講じることをしなかったため,代表取締役は適切なリスク管理体制を構築すべき義務を怠ったと判断されたのである。

　これに対し最高裁は,前述のとおり,代表取締役に不正行為を防止するためのリスク管理体制を構築すべき義務に違反した過失があるとはいえない,と判断した。

　原審のように不正をほぼ完全に防止する仕組みを作らなければならないとすると,相当程度のコストがかかるであろうし,何より企業の効率性を損なうことにもつながるだろう。また,そのような仕組みを整備しなければ経営者が責任を問われるということになってしまうと,怖くて経営はできないということにもなってしまいかねない。最高裁は,このような点も考慮して判断したもの

と考えられる。

　不正防止のためのリスク管理体制をこのような枠組みで考えた場合，時代の変化も意識しながら，通常想定される不正としてどういうものがあるのか，通常想定される不正のリスクを「棚卸」して，それを防止する体制が備わっているのか（構築），また適切に機能しているのか（運用）を確認していくことが重要であるといえるだろう。

3 他社事例に学べ

　この最高裁判例をふまえて，内部監査のあり方としてどのように考えるべき
だろうか。

　前述のとおり，この内部統制システムの重要な構成要素の1つが，内部監査
である。すなわち，内部監査は，通常想定される不正を防止しうる仕組みとし
て整備され，機能していなければならない。

　では，通常想定される不正を発見しうる内部監査とするために，重要なこと
は何であろうか。

　それは，まず，他社事例に学ぶことである。最近は，企業などにおいて，不
正や不祥事が発生すると，事実解明や原因究明のための調査報告書が，適時開
示や会社のHPなどで公表されることが通例である。不正や不祥事の発覚の経
緯はさまざまであるが，内部監査により，不正・不祥事が発見されることも少
なくない。内部監査により，不正や不祥事が発覚したのであれば，効果的な内
部監査が行われた結果であると言っていいだろう。これに対して，結果的に不
正や不祥事は発覚したものの，仮に効果的な内部監査が行われていれば，もっ
と早期に発見し，被害拡大を防げたのではないかと思われる事例もある。この
ように，内部監査の実務を考えるうえで，企業の不正や不祥事に関する調査報
告書は，さまざまな示唆や知見を与えてくれる。

　内部監査も，経営資源を投入している以上，効率的に行わなければならない。
そのためには，リスクの高い事象に対し重点的に監査資源を投入する一方，リ
スクの小さい対象については，監査資源の投入を節約する，いわゆるリスクア
プローチをとることが必要である。したがって，どのような事象で法令違反が
発生しやすいのか，不正や誤謬が発生しやすいのかといったことについて，ま
ず他社事例から学んでおくことが有効だと考えられる。

　公表されている企業の不正や不祥事に関する調査報告書等を読み解くことに
より，

① 不正・不祥事が内部監査で発見された事例からは，なぜこの内部監査は有効に機能したのか，
② 残念ながら内部監査では見逃された事例からは，他山の石として，なぜ内部監査が機能しなかったのか，

その理由を教訓として学び，そこから自社の内部監査に活かしていくということが重要なのである。

このような視点から，今後の内部監査に活かしていくため，最近の開示されている調査報告書を紹介しながら，そこから学ぶべきポイントについて整理していきたい。

....

コラム

内部統制とは，「インターナル・コントロール」の和訳である。内部統制とは，企業が，業務を適正かつ効率的に遂行するために，リスクに適切に対応するために社内に構築され，運用される体制をいう。

内部統制の3つの目的

内部統制は，以下の3つの目的を持っている。

| ① 業務の有効性・効率性 |
| ② 財務報告の信頼性 |
| ③ 法令遵守 |

まず①業務の有効性・効率性とは，経営資源を効果的かつ効率的に使用することを意味する。別の言い方をすれば，経営体の目的を，無駄なく達成できることをいう。

また，②財務報告の信頼性とは，信頼がおける公表財務諸表を作成することを意味する。

最後に，③法令遵守とは，該当する法令を遵守することを意味する。

すなわち，内部統制の目的は，自らの組織を，健全に利益を上げられる体制にすることである。

内部統制の5つの構成要素

内部統制は，以下のような構成要素が個々の業務活動や事業単位に組み込まれ，機能していれば，有効であると判断される。具体的には，以下の要素が適切に整備・運用されていれば，内部統制の目的である，①業務の有効性・効率性，②財務報告の信頼性，③法令遵守が達成される可能性が高いものと判断されることとなる。

```
①  統制環境
②  リスクの評価
③  統制活動
④  情報と伝達
⑤  監視活動
```

①　統制環境：どのような社風が形成されているか？

まず，①統制環境とは，内部統制の土台である。組織の気風であり，たとえば，以下のようなものが該当する。

✓ 従業員の行動規範となるもの：
　　経営理念や経営方針，倫理規定，経営者の誠実性や倫理観，言動
✓ 従業員の行動を導くもの：
　　組織の権限規定，人事方針や人事制度，業績評価制度，表彰・賞罰制度

②　リスクの評価：どのようなリスクがあるか？　どのように対応するか？

②リスクの評価とは，組織目標の達成を阻害する要因をリスクとして認識・分析・評価して，それに対してどのように対応をするかについて検討するプロセスをいう。

リスクを認識，評価する過程で重要なことは，組織の目標が明確になっていることである。目標を明確化することにより，その目標の達成を困難とするリスクが明確となる。そして，リスクが明確になることにより，リスクに応じたコントロール

12　第1章　不正・不祥事と内部監査

（回避・低減・転嫁・受容）が可能となる。

③　統制活動：どのようにコントロールしているか？

　③統制活動とは，通常組織が行っている管理活動のことをいう。たとえば，上長による承認，照合，規程・マニュアルの整備などがある。

【統制活動の具体例】

> 承認：上長が同意・確認することによるコントロール
> 照合：2つの事柄が一致しているか確認・チェックすることによるコントロール
> 規程・マニュアルの整備：同一の業務処理に対して，同一の処理が行えるように
> 　　　　　　　　　　　　するコントロール

　統制活動には，①方針，②プロセス，③手続，④行動が含まれる。

　まず，何を，なぜ行うかについての「方針」を決定し，その方針を実施するために，誰がいつどこで何をするという「プロセス」を決定する。さらに，このプロセスを構成する作業をどのように行うかの「手続」を決め，それを実際に「行動」するのである。

　統制活動において，最も重要なのは，「職務分掌」である。職務分掌とは，業務プロセスにおける機能を1人がすべてを担当しないようにすることをいう。

④　情報と伝達：情報が組織内で適切に伝達されるか？

　④情報と伝達とは，通常の業務における上司へのレポートライン，または通常のレポートラインとは異なる内部通報制度により，情報が組織内で適切に伝達されるかということである。

⑤　監視活動：内部統制の有効性がチェックされているか？

　⑤監視活動とは，内部統制が有効に機能しているかについて，継続的に評価するプロセスである。これには，以下の2種類がある。

- 日常的監視活動
- 独立的監視活動

　内部監査は，このうち，「独立的監視活動」を担うこととなる。

第 2 章

不正・不祥事事例

　本章では，上場会社で最近公表された不正・不祥事の典型的な事例を8つ取り上げる。
　それぞれの事例について，内部統制上の問題点（不正の発生原因）と内部監査の問題点（早期発見できなかった理由）を分析し，改善のためのポイントを解説する。

14 第2章 不正・不祥事事例

　これから，上場会社において，最近公表（適時開示）された不正・不祥事事例をいくつかピックアップし，その調査報告書などをふまえて，内部統制上の問題点，内部監査がなぜ機能しなかったのかを検討していきたい。

　なお，厳密にいえば，内部監査も，「モニタリング」と呼ばれる機能を担う，内部統制の構成要素のうちの1つであると考えられる。そういう意味では，内部監査の問題点は，内部統制上の問題点に包含されることとなる。

　しかし，本書では，事例を分析する視点として，まずなぜそのような不正を発生させたのかという問題を「内部統制上の問題点」としてとらえ，それをなぜ早期に発見できなかったのかという問題を「内部監査の問題点」と分けることにより，検討していくこととしたい。

　各事例を簡単に紹介すると，以下のとおりである。

　まず，第1から第6までは，横領の事例である。第1の事例は，従業員が協力会社に対する外注費の水増し発注等を繰り返した事例，第2と第3の事例は，経理責任者等の横領事例，第4と第5の事例は，商品の不正持出しおよび転売の事例である。なお，第5の事例は，「元」従業員により在庫商品が不正に取得されたという，少し特異な事例である。さらに第6の事例は，代表取締役による横領，経営者不正を取り上げている。

　これに対して，第7および第8の事例は，粉飾決算である。第7は，広告宣伝費の計上時期の繰延べ，第8は，工場において棚卸資産が過大計上されたという事例である。

コラム　不正のトライアングル仮説とは？

　不正がなぜ発生するかについての整理の視点として，不正のトライアングルと呼ばれる仮説がある。これは，アメリカの犯罪学者であるクレッシーが唱えたものである。

　この仮説は，主観的な状況として，「動機」（不正行為を実行する動機の存在を示す主観的状況）および「正当化」（不正行為を正当化する主観的状況）と，「機会」（不正行為の機会を与える客観的事象や状況）の3つがそろったときに，不正が発生するという仮説である。

【不正のトライアングル】

動機＝不正行為を実行する動機の存在を示す主観的状況
機会＝不正行為の機会を与える客観的事象や状況
正当化＝不正行為を正当化する主観的状況

　たとえば，会社から達成困難な業務目標を課され強いプレッシャーがある状況，ギャンブルや借金がある状況であれば，不正が発生する「動機」が存在することとなる。

　このような状況のもと，たとえば，

① 契約書に押印がなされない段階で取引が開始されている
② 正式な書面による受発注が行われる前に，口頭による交渉で取引を開始・変更などが行われている
③ しかもジョブローテーションがなく，自分以外は業務内容がわからないうえ，職務分離や相互けん制機能が未整備

といった客観的な状況があれば，不正を行う「機会」が存在することとなる。

　このような「動機」と「機会」に加えて，自己の行為を「正当化」する根拠として，たとえば，これは会社のためである，仮に金銭を取ったとしても一時的なものである，といった主観的な状況を持つことにより，「動機」「機会」「正当化」のトライアングルがそろったこととなる。この結果，不正が発生するというのである。

　この不正のトライアングル仮説に基づいて，「動機」「機会」「正当化」の3つの視点で不正事例の発生原因を整理すると，理解しやすいことが多い。

　このため，最近の不正・不祥事関連の調査報告書においては，不正の発生原因を，この3つの視点から整理されているケースが数多くみられる。

第1 従業員が，協力会社に対して，外注費の水増し発注，架空発注を繰り返した事例

1 事案の概要

　橋梁事業および建設事業を主要な事業内容とするO社は，2017年8月に開始された税務調査の過程において，主要な連結子会社であるS社において，協力会社に対する架空または水増し発注がなされた疑いがある等の指摘を受けた。なお，S社は，2008年11月に会社更生手続開始の申立てを行っていたが，2011年10月には，会社更生手続は終結していた。
　これを受けて，O社では内部調査が開始され，O社と利害関係のない弁護士等の外部専門家を補助者とする，社内調査委員会が設置された。

【本件の関係図】

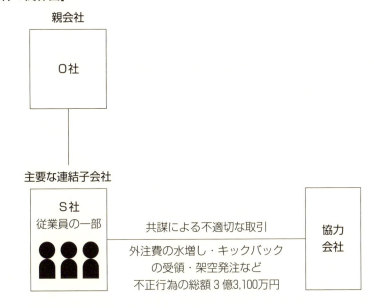

18　第2章　不正・不祥事事例

　この調査の結果，複数の従業員による不適切な取引が判明した。判明した不正行為の内容は，協力会社との共謀によるものであって，外注費の水増し・キックバックの受領，架空発注などであるが，詳細は，以下のとおりである。

　なお，判明した不正行為の総額は，3億3,100万円であった。

【S社において判明した不正行為の内容】

① 協力会社と共謀した外注費の水増し・キックバックの受領

　従業員の一部が，協力会社と共謀して，下請代金の水増しまたは架空発注を行い，S社から当該協力会社に支払われた水増し金額の一部または全部をキックバックとして受領していた。

　前記不正行為を行った従業員らによれば，キックバックを受けた金銭は，元請会社や設計事務所への接待や社内懇親会に費消したとされる。

② 協力会社に対する架空発注および外注設計費のプール

　従業員の一部が，予算超過に伴う設計費を充填するための社内手続を回避するために，協力会社である設計事務所らと共謀し，

　(i) 設計事務所（委託設計事務所）から，S社に設計業務受託の打診があった場合に，協力会社である別の設計事務所（受託設計事務所）またはS社元従業員に依頼のうえ，委託設計事務所との間で受託設計契約を締結させ，その設計業務の一部をS社が行うというスキームのもと，当該業務について，S社に支払われるべき業務委託料を回収せずに，当該受託設計事務所などにプールさせる方法

　(ii) 協力会社である設計事務所に対して設計業務を架空発注のうえ，S社から支払われた業務委託料のうち，当該設計事務所の手数料を除いた金額を，当該設計事務所にプールさせる方法

により，実際の案件で設計費が予算超過となった場合に，当該超過分をこれらのプール分から充填した。

③ スクラップ等の売却代金・自動販売機の販売手数料の着服

　従業員の一部が，工事の過程で不要となった鋼材（スクラップ）をスクラップ業者に売却するにあたり，必要な社内申請を行うことなく，スクラップを売却し，売却代金を着服した。なお，この売却代金は，現場作業員を慰労するための飲食費に充てたとのことである。

また，従業員の一部が，必要な社内申請を行うことなく，現場で不要となったＳ社所有の装置を売却し，当該売却代金を着服した。

　さらに，一部の従業員が，現場に設置された自動販売機の販売手数料を着服していた。

④　「施工図代」または「設計外注費」名目での販売促進手数料等の支払

　従業員の一部が，営業代理等を行う会社に対する販売促進手数料について，会社更生手続における更生管財人の指摘により，支払ができなくなったにもかかわらず，当該会社または同会社が指定する別会社に対し，「施工図代」または「設計外注費」名目で当該支払を行っていた。

⑤　工事原価の付け替え

　従業員の一部が，ある工事で発生した材料費等につき，当該案件において当初予定していた目標値を達成することができないため，協力会社と共謀して，別案件の工事原価に付け替えた。

⑥　その他の不正行為

　従業員の一部において，協力会社に領収書を買い取ってもらう，カンパを受ける，または社会通念に照らして過度に高額な金銭の供与を受ける等の不正行為が行われていた。

2　内部統制上の問題点

(1)　本件不正行為の発生原因

　本件不正行為は，Ｓ社の会社更生手続開始申立て後における，交際費および給与のカットが契機となり，主として営業接待費（社外交際費）や社内交際費，販売促進手数料の捻出を「動機」として，行われたものである。

　現場従業員は，本件不正行為は，個人的な利益を得ることが目的ではなく，会社の営業あるいは現場慰労のための必要経費の捻出が目的であることを理由として，自己の不正行為を「正当化」していたのであろう。そもそも，本件の複数の「不正」行為が，会社の業務上許されるべきものではないという意識が

低かったようであり，組織全体としてコンプライアンス意識が欠知していたと言わざるをえない。

　他方で，このような不正を抑制するための内部統制体制が整備できておらず，不正が発生する「機会」があったことも，組織としては問題である。前述のとおり，不正のトライアングル仮説によれば，不正は，「動機」や「正当化」といった主観的事情のみで起こるのではなく，客観的に不正を起こすことができる「機会」があるからこそ，発生するのである。

　S社の経営者は，現場担当者によって水増し・キックバック等の不正行為が行われる危険性があることについて認識できていなかった。そのようなリスクがあることを前提とした，たとえば，①現場から本店・支店に対して情報を伝達させる制度，②本店・支店が現場の管理・監督を行う体制，また従業員と協力会社との癒着が発生するおそれがあることを想定した，③適切な人事ローテーション制度などが設けられていなかった。

　このような内部統制システムの不備が，本件不正を発生させる「機会」となってしまったのである。

【本件の不正の発生ポイント】

> ＊不正の「動機」と「正当化」
> ⇒ 組織としてのコンプライアンス意識の欠知
> ＊不正の「機会」
> ⇒ 現場担当者によって水増し・キックバック等の不正行為が行われるリスクを想定した内部統制の不備

　本件のような，外注費の水増し・キックバックの受領・工事原価の付け替えといった不正行為は，特に，中小規模の組織で未だ管理体制が不十分な会社で発生する，典型的な不正事例である。不正を行うような従業員はいないという「性善説」に立った管理ではなく，リスクを想定しながら，適切なけん制の仕

第1 従業員が，協力会社に対して，外注費の水増し発注，架空発注を繰り返した事例　21

組みを作る必要があることはいうまでもない。

　不正を容易に行うことができる環境，たとえば，組織上の管理・監督の目が薄く，経費等支出のプロセスが特定の個人で完結できる体制は，いわゆるダブルチェックが行われていない状況である。

　また，人事が固定化され協力会社との間で長期にわたる業務上の付き合いが継続している状態は，外部との癒着や共謀の温床となりうる。

　このような状況が重なり合うことにより，不正のトライアングルでいう「機会」が出現することとなる。

　普段はまじめで不正行為を行うなど全く考えていない従業員であったとしても，たとえば借金を抱えているといった，不正を行う何らかの「動機」があれば，この金銭の受領はあくまで一時的なものであるといった「正当化」をすることにより，「魔が差す」状態になることは，全く起こりえないことではない。

　ここで歯止めをかけられるのは，このようなリスクをふまえた内部統制の仕組みである。従業員が，不正行為を行う「動機」を持つ可能性は十分にありうるのである。このため，不正を行う「機会」を作らないことにより，結果的に従業員を守ることになる。このような仕組みの構築は，経営者の責務なのである。

【経営者の責務】

> 不正ができない体制を作ることは，経営者の責務
> 　→ 本件では
> 　　不正を容易に行うことができる環境（機会）
> 　　・経費等支出のプロセスが特定の個人で完結できる
> 　　・人事が固定化され協力会社との間で長期にわたる
> 　　・業務上の付き合いが継続している
> 　→ このような状況を改善し，不正を容易にできない体制を整備
> 　　・ダブルチェック体制を整備
> 　　・適切な人事ローテーション

22　第2章　不正・不祥事事例

(2)　改善のポイント

　では，経営者としては，具体的に，どのような管理体制に改善するべきであろうか。すなわち，不正の実行の「機会」を奪うため，不正の実行を容易にできない管理体制を構築するためには，どのような点に留意しなければならないだろうか。

　このような施策を実行することは一朝一夕にできることではない。長期的な視点を持ちながら，「コンプライアンス意識の向上および周知」や「適切な人事ローテーションの推進」などを主軸とし，それらを補完するものとして，業務フローの見直しを含む管理体制の見直しおよび監査機能の強化等を行っていくことである。これは，O社の社内調査報告書の再発防止策においても提言されている。

　なお，調査報告書において公表された具体的な再発防止策は，以下のとおりである。

【調査報告書に挙げられた具体的な再発防止策】

> (1)　コンプライアンス意識の向上および徹底
> 　①　社長による「不正根絶」宣言
> 　②　罰則の強化を目的とする就業規則をはじめとする社内諸規程の改訂
> 　③　コンプライアンス教育の充実
> 　④　コンプライアンス推進担当の設置およびコンプライアンス推進担当会議の開催
> 　⑤　現場代理人による「コンプライアンスを遵守する旨の誓約書」の提出
> (2)　適切な人事ローテーションの推進
> 　①　計画的な人事ローテーション推進に向けたローテーション検討体制の構築
> 　②　人事ローテーションの実施，または発注権限とけん制体制の見直し

(3) 協力会社対象の内部通報制度の設置および協力会社に対する当社取組み方針の周知

① 協力会社を対象とした内部通報窓口の設置

② 協力会社に対する当社取組み方針の周知

③ 協力会社を対象としたコンプライアンス意識調査の実施

(4) 請負契約の見直し，協力会社に対するヒアリング等

① 協力会社で構成される「協力会」の会則への罰則条項の追加

② 契約約款への表明保証条項，無催告解除条項等の追加

③ 主要協力会社に対するヒアリング

(5) 交際費使用ルールの明確化および福利厚生費用の確保

① 交際費使用ルールの明確化

② 職場内の懇親を目的とした福利厚生費用の確保

(6) 業務フローの見直し

① 工事実行予算に対する本社検証体制の整備

② 外注労務費支払金額の適正性検証体制の整備

③ 工事現場における残作業の検証体制の整備

④ 発注審査の本社けん制機能の強化

⑤ スクラップ売却，自動販売機設置時の社内手続の明確化

(7) 組織体制の見直し（本社および支店からの統制・けん制機能の強化）

○ 組織体制の再構築（外部けん制を意識した組織への再構築）

(8) リスク評価・管理体制の見直し

① リスク管理委員会における不正リスクの抽出確認

② リスク管理委員会における再発防止策の進捗管理

(9) 監査機能の強化

① 監査室監査の強化

② 取締役持ち回りによる月次のコンプライアンス指導と再発防止策の運用状況チェック

コラム

リスクへの対応とは？

　リスクにはさまざまなものが考えられるが，認識されたリスクへの対応は，一般的に，次の4つが挙げられる。

> 回避
> 　リスクを引き起こす事業活動から撤退すること。具体的には，将来損失が発生する可能性のある事業から撤退することなどが挙げられる。
>
> 低減
> 　リスクの発生可能性・影響度を低減させる活動をいう。具体的には，相互けん制を強化することなどが挙げられる。
>
> 転嫁
> 　リスクの一部を保険やヘッジ取引を利用することなどにより，第三者に転嫁することをいう。
>
> 受容
> 　リスクの発生可能性や影響度を低減・回避するような行動をとらないことをいう。リスク対応のためのコストが，リスクが発生した場合の損失よりも大きい場合には，そのリスクを受け入れることができる。

3　内部監査が機能しなかったことの問題点

(1) 内部監査の状況

　Ｓ社においては，入札談合や贈賄，反社会的勢力との取引といった不正の対

策を行っていた。しかし、作業所長による水増し・キックバックといった本件不正行為については、リスク評価の過程において、優先して対応すべき、全社リスクの1つとして検出することはできていなかったようである。

これは、内部監査において現場担当者によって水増し・キックバック等の不正行為が行われることについて、リスク認識ができていなかったということであろう。

その結果、内部監査では、「現場不正」という観点からの監査が行われることはなく、残念ながら、内部監査によっては、不正の発見ができなかったようである。

【内部監査の問題点のポイント】

> 「現場不正」という観点のリスクの未認識
> → 内部監査が実施されていなかった

(2) 改善のポイント

では、S社における内部監査の改善のポイントとしては、どのようなことが考えられるだろうか。

前述のとおり、現場において不正が行われるリスクについて、特段把握されていなかったようである。このため、内部監査における改善事項としては、まずこのような不正発生の可能性があるとの視点から、協力会社に対する業務の外注内容が適正か否かなど、監査項目を追加的に設けていくことが必要だろう。

また、監査をルーティーンに行うだけではなく、不正発生の可能性に絞った監査を、「抜き打ち的に」実施するなど、現場において、外から「見られている」との緊張感をもたせる環境づくりを検討するべきである。

【内部監査の改善のポイント】

現場における不正が行われる可能性があるとの視点での内部監査の実施
→ ・協力会社に対する業務の外注内容が適正か否か等の監査項目の追加
　・不正に着眼点を絞った監査の「抜き打ち的な」実施

《第1の事例のまとめ》

＊従業員が，協力会社に対して，外注費の水増し発注，架空発注を繰り返した
＊現場担当者によって水増し・キックバック等の不正行為が行われる可能性についてリスクをふまえての内部統制の不備
＊管理体制が不十分な会社で発生する典型的な不正への対応
⇒ 不正を容易にできない体制の整備
　・ダブルチェック体制を整備
　・適切な人事ローテーション
⇒ 「現場不正」という観点からの内部監査の実施
　・協力会社に対する業務の外注内容が適正か否か等の監査項目の追加
　・不正に着眼点を絞った監査の「抜き打ち的な」実施

コラム

内部監査担当者の基本的任務とは？

　内部監査担当者の基本的任務は，たとえば，監査対象部門が気づいていない未対処の重大なリスク，誤謬（ミス），規則違反，内部統制の不備等の異常な事態を発見し，その原因および実情を指摘すること，その抜本的解消に有効な助言を提供することである。

第1　従業員が，協力会社に対して，外注費の水増し発注，架空発注を繰り返した事例　27

　このため，内部監査担当者（部門）は，以下のような条件を充たす必要がある。

①　内部監査部門の独立性

　内部監査部門は，内部監査の遂行にあたって，公正不偏な態度を堅持し，自律的な内部監査活動を行うことができるように，組織体内において，「独立して」組織されなければならない。

　つまり，内部監査部門は，監査対象に対して，批判的意見および観点を持ち対応することが要請されている。このため，内部監査部門は監査対象から制約を受けず，独立して組織されることが必要である。

　また，内部監査部門は，内部監査が効果的にその目的を達成するため，内部監査を実施するにあたって，他からの制約を受けることなく，自由に，かつ，公正不偏な態度で，内部監査を遂行しうる環境になければならない。

　内部監査を行う担当者個人としても，内部監査部門以外からの自由な立場が求められる。

　内部監査部門長は，内部監査における独立性または客観性が損なわれていると考えられる場合には，その具体的内容を，最高経営責任者その他適切な関係者に報告しなければならない。すなわち，内部監査部門は，その独立性が脅かされることにより，内部監査の有効性が損なわれていると考えられる場合には，最高経営責任者等の適切な者に報告し，是正を求める必要がある。

②　内部監査担当者の専門的能力

　内部監査を行う場合には，内部監査担当者は，組織における自己の使命を強く認識し，熟達した「専門的能力」をもって，職責を全うする必要がある。

　すなわち，内部監査担当者は，その職責を果たすに十分な知識，技能およびその他の能力を個々人として有するために，日々研鑽を積まなければならない。

　これは，組織における社内業務，社内情報に精通することにとどまらず，自社が適用される法令，社外環境，経済環境，取引先の状況などに関する知見を，継続的に収集するよう努力することが必要である。このことを通じ，内部監査の質的維持や向上，また内部監査に対する信頼性を確保することができる。

　また，内部監査部門長は，部門全体として，内部監査の役割を果たすに十分な知識，技能およびその他の能力を有するよう適切な措置，すなわち社内研修の実施，外部研修への参加を講じ，内部監査の質的維持・向上に努める必要がある。これらにより，内部監査担当者が専門的知識，技能およびその他の能力を維持・向上することがで

28 第2章 不正・不祥事事例

きるよう，支援しなければならない。

③ 専門職としての正当な注意

内部監査の実施に際して，内部監査担当者は，健全な懐疑心を持って，「正当な注意」を払うことが必要である。

ここでいう「正当な注意」とは，内部監査の実施過程で専門職として当然払うべき注意である。

「内部監査基準」によれば，以下の事項について特に留意しなければならないものとされている。

【内部監査において正当な注意を払うべき事項】

> ✓ 監査証拠の入手と評価に際し必要とされる監査手続の適用
> ✓ ガバナンス・プロセスの有効性
> ✓ リスク・マネジメントおよびコントロールの妥当性および有効性
> ✓ 違法，不正，著しい不当および重大な誤謬のおそれ
> ✓ 情報システムの妥当性，有効性および安全性
> ✓ 組織体集団の管理体制
> ✓ 監査能力の限界についての認識とその補完対策
> ✓ 監査意見の形成および内部監査報告書の作成にあたっての適切な処理
> ✓ 内部監査の費用対効果

なお，正当な注意を払って内部監査を実施した場合においても，すべての重大なリスクを識別したことを意味するものではない。つまり，内部監査といえども，すべての業務，取引を網羅的に監査することはできない。これは，内部監査の限界ともいえるものである。

第2 経理責任者が，会社の預金口座から金員を不正に繰り返し引き出して横領した事例

1 事案の概要

　ジュエリーの製造販売を行っているK社において，税務調査の過程で，経理責任者Xが，多額の現金を横領しているとの示唆があり，内部調査が開始された。

　調査の結果，Xにより，金銭が横領されているという事実が判明した。この不正行為における損害額は，4億円であり，Xが入社した約半年後から，継続的に行われていた。

(1) 判明した不正行為の内容

　ここで判明した不正行為の内容は，不正送金や回収した売掛金の着服など，多岐にわたるものであった。その詳細は，以下のとおりである。

【判明した不正行為の内容】

① **オンライン決済を悪用した自身の銀行口座への送金**
→ 総合振込票では，当座預金照合表に振込先が印字されないことを悪用し，自分名義の銀行口座へオンライン決済により振込みを行っていた。

② **上司から請求書等のために印鑑を借りた際に，不正に払戻伝票に押印**
→ 上司から印鑑を借り出した際に，自ら取り寄せた白紙の払戻請求書に押印を行った。そして，その払戻請求書を銀行窓口へ持ち込み，現金を引き出し，着服していた。

③ **本来は廃棄すべき銀行口座のキャッシュカードを悪用して不正出金**
→ 営業所が閉鎖された際，当該営業所の小口現金用の普通預金口座を解約せずに，さらなる着服を実行する目的で利用した。具体的には，会社の当座

預金から，この普通預金口座へ資金移動したうえ，入手したキャッシュカードを使用しATM（主に時間外）で現金を引き出し，着服していた。

④　**現金売上の着服，および現金で回収された売掛金債権の着服**

→　ジュエリーフェアと称する展示即売会においては，釣銭や貴金属の買取資金として多額の現金が準備される。この売上高および残存釣銭用現金の一部を着服していた。

また，ジュエリーパーツ（貴金属の金具および部品）の小口の売掛金については，一定程度，現金が貯まるまで，金庫内で保管することとされていたが，この現金回収された売掛金の一部を着服した。

(2)　数々の偽装・隠ぺい工作

以上のような不正行為を行うのみならず，Xは，この不正行為を仮装，隠ぺいするために，数々の偽装工作を行っていた。

たとえば，Xは，帳簿残高と実際の預金残高に生じた差異について，その帳尻を合わせるために，架空の買掛金の支払を偽装するなど，多岐にわたっている。なお，Xは，偽装工作のために，あえて，通常の取引についても，帳簿に記帳しなかったようである。その理由は，万が一，帳簿残高と実際の預金残高との乖離が発覚した場合であっても，多忙のため月次処理が遅れているなどと理由づけることにより，逃げ道を作っていたのではないかと推測される。

Xの偽装工作の詳細は，以下のとおりである。

【判明した偽装工作の内容】

(1)　不正な会計処理

①　着服の際に発生した現金引出等の取引を，会計帳簿に全く記帳しない。また同時に，受取手形の取立てや税金等経費の支払に係る取引も会計帳簿に記帳せず，銀行取引明細と会計帳簿に著しい乖離を発生させていた。

②　着服するために悪用していた休眠口座については，帳簿残高をゼロとすることで，会計帳簿に記帳していなかった。

③　前記の結果，帳簿残高と実際の預金残高に生じた差異は，帳尻を合わせるために，仮払金として計上し，月末や決算整理等でまとめて修正または正規の経費等として消し込み，あるいは後述する架空買掛金の支払を行ったかのように会計処理を行っていた。

④　仕掛品や製品を計算するための根拠となる棚卸報告書の在庫数量を改ざんし，各部門担当者の承認印については，切り張りして複製を作成し偽造していた。

⑤　オンラインバンキングの入出金記録および外国口座の取引明細書を破棄または偽造することで，帳簿残高との調整に利用していた。

⑥　社内監査でチェックの対象となる，オンラインバンキングから出力される預金残高一覧を，パソコンで偽造していた。

(2)　買掛金

①　買掛金は，製造現場の担当者が基幹システムへ請求書や納品書をもとに入力した当月発生額を調査対象者がシステムを閲覧し，月末にまとめて１つの仕訳で会計帳簿に入力することとなっていた。この月末の買掛金の計上金額を，システム額より過大に計上することで，架空の材料費および架空の買掛金を計上していた。

②　架空計上された買掛金は，帳簿残高と実際の預金残高との差額で計上される仮払金を相手科目として，あるいは当座預金等を直接の相手科目として，支払処理がなされたかのように仕訳計上されていた。当該支払金額は全く根拠のない適当な金額であった。

(3)　仕掛品・製品

①　材料費の架空計上により，四半期，通期決算および社内報告のための財務数値に影響が出て，着服が発覚することを隠ぺいするため，仕掛品及び製品を過大に計上した。

②　仕掛品及び製品の計算にあたっては，各事業部で作成された棚卸報告書を改ざん・偽造し，当該改ざん・偽造された棚卸報告書をもとに仕掛品及び製品の計算が行われたことで，仕掛品及び製品が過大に計上された。

③　各事業部の責任者は，材料費の架空計上により，業績指標が悪化しているとは考えておらず，材料費の金額について予測と異なっていた場合には，当該経理責任者より虚偽の説明を受け，適正なものと考えていたようである。

④　材料費を架空計上することで，標準原価と実際原価の差額（原価差額）に異常な差異が生じるが，標準原価の計算に際し標準材料費の金額を過大に数値

32 第2章 不正・不祥事事例

入力することで，異常な原価差額が発生しないよう計算し，架空材料費の計上を隠ぺいしていた。

(4) 預 金

① 普通預金から着服するために引き出した現金に関する取引を簿外とし，記帳しない。

② オンライン決済を悪用した乙金融機関の取引については，着服の事実を隠ぺいするため，補助元帳に仕訳をほとんど入力していなかった。

③ 前記の結果として，銀行取引明細と補助元帳記録が著しく不整合である。

④ 自身が経理責任者になると着服の事実を隠ぺいするため，誰にも指摘されることなく，なし崩し的に資金日報を作成することもなくなり，月次決算で月末の残高を合わせることも必要なくなっていた。通期決算では，帳簿残高と実際の預金残高とを一致させているものの，月次決算では，帳簿残高が実際の預金残高と一致していない場合が多く見受けられた。

⑤ 預金補助元帳については，帳尻を合わせることに終始しているため，預金補助元帳に記帳されていない取引も多く，会計処理を調査することに多大な時間を要している。

⑥ 社内監査においては，預金残高のチェックが補助元帳を閲覧することなく，元経理責任者が作成した預金残高内訳書と通帳のみを突合させるだけであったことから預金残高内訳書に虚偽の残高を記載し，また当座預金についてはオンラインバンキングの残高一覧表を偽造し，社内監査を乗り切るとともに，着服の事実を隠ぺいしていた。

2 内部統制上の問題点

(1) 本件不正行為の発生原因

では，まず本件不正行為について，K社の内部統制上，どのような問題点があったのであろうか。

調査報告書によれば，Xは，入社時点において，すでに銀行のカードローン等の債務が存在する状態であった。その後，経理体制の不備を認識するように

なり，仮に横領行為を行っても発覚しないであろうと考え，横領行為を始めてしまったとのことである。このように，本件は，Xの個人的な事情が「動機」となったものと考えられる。

このような動機を持つ従業員がいたにもかかわらず，会社には，不正を行う「機会」が存在した。その経理体制の不備の内容は，具体的には，次のとおりであった。

まず，Xの上司としては，管理部長と経理課長が存在していた。Xの入社当時は，元取締役のA氏が管理部長を兼ねていたが，その後，A氏が社長室長となり，管理部長が不在となるとともに，前経理課長も退職することとなった。このため，Xが，事実上の経理責任者となった。不正発覚時，Xは経理課長の職にあり，直属の上司は社長であった。

【不正発覚時のK社の経理体制】

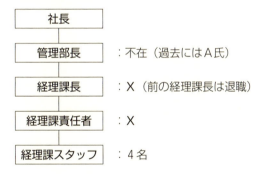

調査委員会によれば，元取締役であるA氏が管理部長の職にあったころには，経理部における業務は，運用ルールに従って行われていたようである。その後，A氏が管理部長の職を離れ，前経理課長も退職したにもかかわらず，経理責任者や経理課員の補充はなかったため，課員の業務負担が増加することとなった。このような状況のなかで，それまで機能していた運用ルールが，「形骸化」してしまったのである。このような人員の不足を端緒として，徐々に運用ルール

34　第2章　不正・不祥事事例

が形骸化していくことも，不正発生の原因としては，よく見られることである。

　同時に，経理責任者となったXの上司が社長となったため，経理課員相互の監視・けん制機能，管理部門内におけるけん制が効かなくなってしまった。これらが，本件の横領が長期化し，被害金額が拡大していった大きな原因であろう。

【本件の不正の発生ポイント】

> 経理体制の不備
> - 人員の不足を端緒とした，運用ルールの「形骸化」
> - 経理課員相互の監視・けん制機能，管理部門内におけるけん制が「無効化」

⑵　改善のポイント

　調査報告書によれば，経理部における運用ルールの「形骸化」の具体例として，たとえば，

① 資金日報と現預金残高の日次での突合業務が，いつの間にか廃止されていたこと
② 会計システム上で計上されていた架空の材料費および買掛金が，製造部門における基幹システムでは計上されていなかったこと

などが挙げられている。

　これらに対しては，複数の帳票を適宜適切なタイミングで突合・照合を行うことにより，不正の発生の「機会」を減らすことができるはずである。

　K社において，職務分掌規程など，一定の規程類は整備されてはいたものの，個別具体的な業務に関する運用については，規程類はなかったようである。ただし，明文の規程はなくとも，一定の運用方法に従って行われてはいたようで

あり，事実，その時期においては，横領等の行為は発見されていない。

　しかし，このような体制も，経理責任者がXへと変更されるとともに，経理課員の人員が減少したこともあって，今までの運用ルール自体も「形骸化」していったのであろう。

　このような不正発生の「機会」が出現する状況を改善するためには，業務フローを明文化し，少なくとも，印鑑の管理，金融機関口座の管理，オンラインバンキングの管理，現金の管理，資金日報，経理システムと基幹システムとの照合などについては，適切なルールを策定したうえで，それに従った運用を徹底することが必要である。それのみならず，実態との不整合などの改善点が発見されるごとに，ルールの内容の改訂を行うことも重要である。

　また，管理部門のけん制を強化するために，業務の担当者に対しては承認権限は与えないこと，業務実行の承認者は「承認のみを行う」こと，をそれぞれ徹底することもポイントである。すなわち，業務の実行者と承認者を明確に分離し，承認者が実行することがないようにすることにより，有効なダブルチェック体制を整えることである。

　さらに，部門間にまたがった定期的な人事異動を実施することで，業務の属人化，特定個人への集中を回避し，万一不正が行われた場合でも早期に発見できるよう体制を整えることも必要であろう。

　今まで述べてきたことの中で最も重要なことは，経理規程などのルールは，形式的に整備されただけでは意味がないということである。特に，マンパワーが不足している会社などにおいては，経理規程に定められた管理方法（たとえば，複数の役職員でダブルチェックを行うことや現金実査を行うことなど）が，人的資源不足などを契機として形骸化し，全く行われていない（すなわち，規程の整備前と運用が全く変わっておらず，規程を整備した意味がない）ことは起こりがちなことである。最も重要なことは，規程が「整備」されたことではなく，その規程どおりに，業務が現実に行われているのかという「運用」であることを肝に銘じなければならない。

36 第2章 不正・不祥事事例

【経理責任者の横領行為防止のポイント】

- 業務フローの明文化，改善
  - → 現預金での日次残高管理やシステム間で照合を適切に行う
- 管理部門のけん制強化
  - → 業務の実行者と承認者を明確に分け，承認者が実行することがないようにすることで，ダブルチェック体制を整える
- 人事異動の工夫
  - → 業務の属人化，特定個人への集中を回避

3 内部監査が機能しなかったことの問題点

(1) 内部監査の状況

では，K社における内部監査の問題点としては，どのようなことが考えられるだろうか。

K社は，平成28年4月に監査役会設置会社から，監査等委員会設置会社に移行した。Xは，同社が監査役会設置会社であった当時，監査役の監査業務の補助を行い，改ざんした書類等を監査役に提出していたようである。

K社が監査等委員会設置会社に移行した後は，内部監査室を設けたものの，各部署の担当者が，月次の内部監査に関する報告を行っていた。このため，内部監査室を設けたとはいえ，会計関係について報告を行うのは，不正を行っているX自身であった。このため，会計業務に関して，「現時点では問題はないと認識している」という，事実とは異なる報告が行われるのみであった。

(2) 改善のポイント

内部監査に関する報告が適正に行われるためには，その前提として，各部署における執行を行う者と，内部監査を行う者を，適切に分掌する仕組みを作り，実効的な監査が行われる体制を築く必要がある。すなわち，内部監査の「独立

性」に配慮することが重要なポイントである。

前記のとおり，K社では，内部監査室を設け，内部監査に関する報告が行われていたものの，経理業務に関しての内部監査は，経理業務を担っているXが行っていたため，結果として独立性のない意味がない内部監査であったこととなる。

また，相当程度の会計・税務の知識を有している経理担当者が横領行為などの不正行為を行った場合，種々の偽装工作がなされることも多い。各種資料が偽造・改ざんされれば，不正行為の発見が困難となる。本件でも，Xが，棚卸報告書の在庫数量を改ざんし（各部門担当者の承認印も，切り貼りして複製を作成し偽造していた），預金残高一覧といった書類も，パソコンで偽造していた。内部監査担当者としては，このようなことも起こりうることを意識しながら，監査を行う必要がある。

このため，現金，現金出納帳，口座の取引履歴や基幹システムから出力される帳票を適切に突合・確認することが必要である。提出された資料については，偽造・改ざんされている可能性もないわけではない。原本が存在するものについては，必ず「原本と照合」するといった，基本を徹底することも重要である。

【内部監査の改善のポイント】

- 内部監査が独立していることの重要性
- 現金，現金出納帳，口座の取引履歴や基幹システムから出力される帳票を適切に突合・確認
- 原本が存在するものについては，必ず「原本と照合」

《第2の事例のまとめ》

＊経理責任者が，会社の預金口座から金員を不正に繰り返し引き出して横領した
＊経理体制の不備
- 人員の不足を端緒とした，運用ルールの「形骸化」

38　第 2 章　不正・不祥事事例

- 経理課員相互の監視・けん制機能，管理部門内におけるけん制が「無効化」
＊経理責任者の横領行為への対応
⇒ 経理体制の不備の改善
　　業務フローの明文化，改善，管理部門のけん制強化（ダブルチェック体制の整備等），人事異動の工夫
⇒ • 内部監査の独立性の確保
- 現金，現金出納帳，口座の取引履歴や基幹システムから出力される帳票を適切に突合・確認
- 原本が存在するものについては，必ず「原本と照合」

第3 従業員が10年以上にわたり金銭を着服していた事例

1 事案の概要

　上場子会社であるH社において，親会社における資金管理を行う準備の過程で，取締役兼業務部長Xが，約10年以上にわたり，総額1億2,600万円を着服していた事実が判明した。

　具体的には，平成27年11月に，資金管理システムの導入のための準備をするにあたって，親会社の従業員が，インターネットバンキングにより，H社の保有する預金残高を確認したところ，帳簿残高と約1億2,600万円の不一致があることが判明した。この点について，Xに問い合わせ，資料の提出を求めたところ，すぐには対応できない等の言い訳がなされた。このため，直ちに社内調査を開始したところ，Xが過去に提出していた銀行残高証明書等が，偽造されたものであることが判明した。

【本件の関係図】

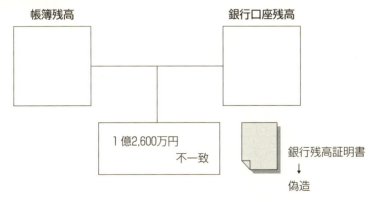

40 第2章 不正・不祥事事例

このため，Ｘに対して，直接のヒアリングを実施したところ，過去10年以上にわたり，Ｈ社の現預金から不正に金銭を着服していたこと，さらにその事実を隠ぺいするために残高証明書等の偽造を行っていたことを認めたものである。

2 内部統制上の問題点

(1) 本件不正行為の発生原因

本件不正行為の手口は，単純である。調査報告書によれば，たとえば，仮に4,000万円の資金をＡ銀行の口座からＢ銀行の口座へ移動させる場合，通常であれば，4,000万円の出金依頼書および4,000万円の送金依頼書を同時に提出して，送金依頼を行う。それに伴い，4,000万円の振替伝票を作成し，帳簿上仕訳を入力することとなる。

これに対し，Ｘは，4,000万円の資金をＡ銀行の口座からＢ銀行の口座へ移動させる場合，4,000万円の出金依頼書および3,900万円の送金依頼書を提出し，差額である100万円の現金交付を受けた。Ｘは，この100万円を着服していたのである。

Ｘは，この取引に伴い，4,000万円の振替伝票を作成し，帳簿上4,000万円の振替仕訳を入力していた。そうすると，当然のことながら，帳簿残高と預金残高に100万円の差異が発生することとなる。これについて，Ｘは，当初は親会社に対する買掛金の支払の際に，その一部について小切手を振り出すことにより，実際の支払の時期を遅らせ，決算期においては，会計帳簿上の預金残高と実際の預金残高を一致させるように調整していたようである。

しかし，帳簿残高と実際の預金残高の差異が大きくなってくると，このような方法では隠し切れなくなってくる。このため，Ｘは，銀行の残高証明書等を「偽造」することにより発覚を免れていたのである。

このような不正を行う「機会」が存在したのは，Ｈ社においては，マンパワーが不足し，経営業務のほぼ全般をＸが行っていたことによる。

なお，以前の内部監査により，経理規程がないことが指摘されたため，その

後経理規程は策定されたようである。しかし，調査報告書によれば，H社での現預金管理の実態は，規程策定前と何ら変わりはなかった。すなわち，ダブルチェックなど，規程どおりの運用は行われていなかったのである。これも，H社におけるマンパワーの不足に起因するものと推測される。

(2) 改善のポイント

何らかの不正が発生した場合や内部監査の指摘事項として，規程の不整備が挙げられることも多い。このような指摘に対応するため，規程という「文書」が作成されることも多いだろう。しかし，第2の事例においても述べたとおり言うまでもなく，規程という「文書」を作成することが本来の目的ではない。規程を作成したうえで，そのとおりの「運用」を行っていくことが重要なのである。

なお，子会社において不正が発生した場合の再発防止策として，何らかの規程を作るとしても，親会社のものをベースに作っても意味をなさない可能性もある。本件のように，子会社ではマンパワーが不足しているケースも多いだろう。マンパワーの不足を前提として，現実的に運用ができる規程を作らないと，結局は，絵に描いた餅になってしまう可能性があること，そのような規程を作っただけでは，本質的な解決にはなっていないことには，十分な留意が必要である。

【不正の改善のポイント】

＊規程の形骸化
→ マンパワーの不足などの実情にあわせた現実的な規程の整備

3 内部監査が機能しなかったことの問題点

(1) 内部監査の状況

　H社において，業務監査部は，年1回定期監査を実施しており，「現金管理」および「預金口座管理」についても監査を行っていた。具体的には，当座預金については，前月末時点での「お取引のご案内」と，会計帳簿上の預金残高とを突合し，一致することを確認していたようである。

　調査報告書によれば，業務監査部は，定期監査の1週間前に「監査閲覧帳票類」を送付し，必要資料を手配して監査に臨んでいた。これは，監査の効率化の観点から必要なことである。

　しかし，結果的には，Xが事前に準備した資料に基づいて，監査を行うこととなってしまった。その資料には，直近数カ月分の「お取引のご案内」も含まれていたが，いずれも，Xが偽造したものであった。調査報告書によれば，この偽造は，注意深く観察すれば，不自然な点もみられるものの，巧妙になされたものであり，偽造であることを判別するには難しいものであった。

　とはいえ，本件の内部監査の本質的な問題点は，この偽造を見破れなかったことではない。本来，預金残高の確認においては，会計帳簿上の預金残高との突合は原則として，残高証明書の「原本」を用いるべきである。H社の内部監査規程においても，その旨が定められていたようであるが，この残高証明書の「原本との突合」は行われていなかった。おそらく監査の日程の都合上などの理由によるものと思われるが，FAX送付された「お取引のご案内」を用いて行われていたため，Xの偽造，ひいては現金の着服を発見することはできなかったのである。

　なお，調査報告書によれば，Xは，預金残高証明書を，直接銀行に入手しに行っていたようである。マンパワーが不足し，経営業務全般を担っているという状況において，預金残高証明書を銀行に出向いて直接取得するというのは，不自然な行動であろう。このような点について違和感を覚え，何らかの不正の

兆候の可能性があるのではないかと，監査の際にチェックできなかったことは残念であったといわざるをえない。

⑵　改善のポイント

　証憑書類について，偽造がなされていれば，後々目を凝らしてみれば，偽造であると判明することもあるだろう。もちろん，監査の過程で，そのような偽造の可能性を感じたのであれば，偽造ではないとの納得がいくまで調査をすることが必要である。しかし，不正を隠ぺいする側も必死であるから，偽造は極めて巧妙になされている可能性がある。実務的に，偽造を発見することはなかなか難しいものといわざるをえない。

　しかし，本件で学ぶべきポイントは，偽造をいかに見破るかという点ではなく，内部監査の基本である，「原本」確認の重要性である。前述のとおり，Ｈ社の内部監査規程においても，預金残高の確認については，残高証明書の原本を確認することが定められていたようである。しかし，おそらくＸが，残高証明書の原本を，内部監査において提示できない，さまざまな理由を述べていたのであろう。結果的には，内部監査において，残高証明書の原本の確認は行われていなかったようである。

　内部監査においては，時間的な制約等さまざまな理由から，原本が確認できないこともあるだろう。このような事態も想定して，内部監査規程等においては，「原則として」原本を確認することとなっていることも多い。しかし，原本が確認できないという例外事項が「継続」する場合には，要注意である。そのような例外事項の継続が，何らかの不正の可能性を示しているかもしれない。

　本件においては，銀行からの残高証明書の原本を確認していれば，帳簿残高と実際の預金残高の相違は，容易に発見できたのである。原本確認は，監査において基本的な事項ではあるが，実は非常に重要であることを肝に銘じるべきである。

44 第2章 不正・不祥事事例

【内部監査の改善のポイント】

偽造がなされている可能性

原本確認の重要性

→ 例外が継続化していないか，それ自体が異常事態である可能性

《第3の事例のまとめ》

非常に単純な手法にもかかわらず，長期間にわたり，多額の金銭が横領された

＊実態にあった規程の整備が必要

⇒ マンパワーが不足しているにもかかわらず，現実的ではない規程となっていないか

規程が形骸化していないか

＊内部監査においても，偽造を見破ることは難しい

⇒ 原本確認の重要性

第4 従業員による貴金属類の商品の不正持出しおよび転売行為の事例

1 事案の概要

　百貨店業を営むN社において，従業員Xが，複数年度にわたって，商品を不正に持ち出し，転売していた事実が判明した。N社は，社内において，事実関係について調査を行ったうえ，原因究明を含む全容解明と有効な再発防止策の策定等のため，外部の専門家による第三者委員会を設置した。

　調査の結果，最終的に取り消されるべき売上取引は，約6,556万円とされた。このため，同社は，第1四半期の決算短信の提出を延期したうえ，Xに対する債権額2,400万円を貸倒引当金繰入額として特別損失に計上した。また，過年度の決算短信，有価証券報告書等の訂正報告も行い，貸倒引当金繰入額として，1,000万円を特別損失に計上した。

【本件の関係図】

　Xは，カスタマーセンター担当者である。N社が実施したワールドジュエリー＆ウォッチフェアにおいて，適正に顧客へ販売したように装って伝票処理を行い，商品を店外に持ち出し，他に転売するなどの不正行為を行っていた。

　本件フェアは，各従業員に対し，地元の人的関係を利用した営業を求めるも

46 第2章 不正・不祥事事例

のであり，本件フェアにおいては，従業員に通常の店舗販売では認められていない「商品の持出しによる掛売販売」を認め，商品管理および与信管理において，通常の店舗販売と比較し緩和された取扱いがなされていた。

　Xの具体的な不正行為の手法は，次のとおりである。

【本件の具体的な不正行為の手法】

---

①　仕入先から持出伝票を用いて商品を持ち出す

↓

②　親族や知人等の名前を勝手に用いて，掛売伝票を作成する

↓

③　商品の持出し，掛売伝票等の作成にあたり，担当者として他の従業員の名義を利用する

↓

④　商品代金の入金にあたっては，親族，知人名を用いて買上明細伝票を作成し，N社の外商顧客専用の会員口座（ロイヤルカスタマーカード口座）などを利用して，商品代金の支払決済を行う

2　内部統制上の問題点

(1)　本件不正行為の発生原因

　調査報告書によれば，Xの前記のような不正な取引が，数年にわたり継続された原因は，

①　本件フェアにおける商品の持出しにあたって，仕入先の持出伝票だけが作成され，百貨店側で商品移動伝票を作成することになっていなかったこと

②　営業職員の商品の持出しの状況について，仕入先から情報提供を受ける必要があったにもかかわらず，商品持出し時や掛売伝票作成時における，仕

入先からのＮ社に対する情報提供を受ける体制が不十分だったこと

が挙げられている。

　また本件では，親族，友人だけでなく，仮名の買主名が用いられていたうえ，担当者についても，名義貸し・名義借用がなされるなど，実態と異なる氏名が用いられていた。この結果，伝票上の「買主」および「担当者」の氏名は，実態と異なるものとなっていた。

　このように，本件では，通常の経理業務におけるチェック手続では発見し難い手段がとられていた。調査報告書によれば，本件フェアにおける「通常想定される」リスクに対応する内部統制システムは機能していたものの，買主名の分散・変更や担当者名義貸し，カード番号開示といった事態は想定外であった。調査報告書においては，このようなリスクを想定し，異常事態を発見するというチェック体制は脆弱であり，そのために是正監督措置が遅れたといわざるをえない，とされている。

　本件フェアは，各従業員に対し，地元の人的関係を利用した営業を求めるものであり，本件フェアにおいては，従業員に「商品の持出しによる掛売販売」を認め，商品管理および与信管理は，通常の業務と異なっていたのであろう。後講釈ではあるが，このようなイレギュラーな取引は，それ自体がリスクなのであり，むしろ通常以上のチェック体制を構築する必要があったということであろう。

　本件でとられた不正の手法は，仕入れた宝飾品・時計を顧客に売却したことにして持ち出し，これを他に転売して現金化し，横領するという単純な手法である。本件フェアにおいて，従業員に「商品の持出しによる掛売販売」を認めたにもかかわらず，商品管理および与信管理については，「通常より緩和された」取扱いがなされていた点を突かれてしまったのである。

　実際，Ｘは，不正を行いはじめた当初は，本件フェアにおける買取りから入金までの猶予期間を利用して，「一時的な」現金を得ようとし，一旦商品を買い取ったうえで，これを転売していた。当初は20万円程度の少額であったもの

48 第2章 不正・不祥事事例

の，買い取った商品代金を返済するうちに，いわゆる自転車操業のように，次第に不正に横領する金額が増加していった。不正にありがちなことであるが，最初は，少額な一時的な「借入れ」にすぎないと，不正を「正当化」して始まったものの，徐々にその金額が増加していくのである。

【本件の不正の発生ポイント】

> フェアの販売において，商品管理および与信管理
> ⇒ 通常より緩和された取扱い

(2) 改善のポイント

百貨店では，店舗での販売は，現金またはクレジットカードでの販売が原則である。商品を持ち出して掛売（信用販売）を認めた場合，伝票の整合性のチェックを中心とする通常の経理処理手続では，その営業職員以外に，現実の顧客を確認できないことから，適正に顧客へ販売したように装って伝票処理されることにより，容易にチェックをすり抜けられることとなってしまう。

このような不正のリスクに対応するためには，調査報告書でも指摘されているように，たとえば，

① 本件フェアにおける売掛金の与信限度を定める
② 仕入先の協力を得て，異常な数値の商品持出しについての情報の提供を求める
③ 内部通報制度等により，不正の兆候を早期に発見できる体制を整備する

ことなどが有効な改善策だろう。

第4　従業員による貴金属類の商品の不正持出しおよび転売行為の事例　49

【管理体制の改善のポイント】

> ①　売掛金の与信限度を定める
> ②　仕入先の協力を得て，異常な数値の商品持出しについての情報の提供を求める
> ③　内部通報制度等により，不正の兆候を早期に発見できる体制を整備する

3　内部監査が機能しなかったことの問題点

(1)　内部監査の状況

　調査報告書によれば，従前の内部監査の方法としては，経理部門による伝票類のチェックが中心で，特に営業部門の販売員の不正行為を想定しての内部監査は行われていなかったようである。

　このように，本件のような不正発生のリスクを認識できなかったことが，内部監査の問題点であったといえるだろう。

(2)　改善のポイント

　前記のとおり，伝票の整合性のチェックを中心とする通常の経理処理手続では，適正に顧客へ販売したように装って伝票処理されることにより，容易にチェックをすり抜けられてしまう。

　営業部門とは独立した内部監査部門を設けたうえで，リスクを適切に把握しながらチェックする体制を構築することが必要であろう。

　N社においては，本件発生を受けて，全社にわたる業務リスクの管理体制を強化・推進し，業務リスクを包括的に統制するため，「再発防止委員会」を設置することとなったようである。

　なお，日本システム技術事件の最高裁判例の判断に沿って考えれば，内部統制を構築するにあたって考えるべきことは，「自社に特別な事情がないか」を

50　第2章　不正・不祥事事例

検討することが必要である。すなわち，「自社の過去に学ぶ」必要がある。

　失敗は，さまざまな教訓を与えてくれる。それのみならず，内部統制の構築義務を果たすという側面からも，仮に過去の不正と同様の事象が生じた場合には，それが発見できるような体制を整備しておくことが重要である。

　このために必要なことは，内部監査の結果や不正・不祥事が発生してその再発防止策が策定された場合に，自社に脆弱であった改善すべき点が，適切に改善されているかフォローすることである。このような改善策のフォローも，内部監査において行うべき重要なポイントである。

　本件においても，「再発防止委員会」等が，発覚した改善点が適切に実行されているか，フォローする体制を構築することも重要であろう。

【内部監査の改善のポイント】

> 通常の経理処理手続以外のリスクを適切に把握しながら，チェックする体制を構築する

《第4の事例のまとめ》

> ＊従業員による貴金属類の商品の不正持出しおよび転売行為
> ＊通常の店舗販売では認められていない「商品の持出しによる掛売販売」を認め，商品管理および与信管理において，通常の店舗販売と比較し緩和された取扱いがなされていた点が突かれた
> ＊営業職員による商品の不正な持出し転売への対応
> ⇒ 商品を持ち出しての掛売（信用販売）を認めた場合のリスクの認識，管理体制の整備
> ⇒ 不正の兆候に関する情報等に基づいた内部監査の実施

第5　元従業員が不正に商品を受領し，換金横領した事案

1　事案の概要

　平成26年12月，配電制御設備をカスタムメイドで製作するK社において，「元」従業員Xが，購買外注チームを欺いて電線の発注依頼を行い，それによって電線を不正に取得していたことが判明した。

　元従業員Xは，S営業所の営業担当者であったが，Y県購買外注チームの担当者に対し，電話にて，すなわち「口頭による」電線の発注依頼を行い，Xが指定する場所に直送させていた。この電線は，通常K社が仕入れている電線とは異なり，換金性が高く，運搬がしやすいものであったようである。

　しかも，通常の仕入先とは異なるMM社からの仕入ルートであったほか，多額の発注が繰り返し行われていた。これらの点に違和感を覚えた従業員が調査を開始したところ，「製造依頼書」といった書面による発注ではなく，口頭

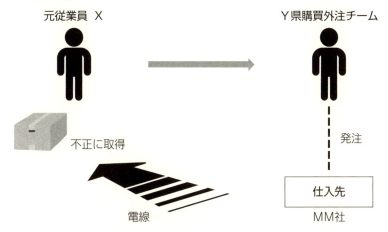

【本件の関係図】

52　第2章　不正・不祥事事例

で発注がなされていることにさらに異常を感じ，追加調査を続けたところ，MM社からの取引総額は，平成19年以降の7年間にわたって，総額約7億円であることが判明した。

　これらの異常点について，元従業員Xをさらに追及したところ，最終的には，いずれも不正な取引であったことを認めるに至った。

　なお，この行為は平成19年から開始されていたところ，Xは平成24年9月には，K社を退社している。すなわち，本件不正は，Xの退職後も継続して行われていたという点でも特異なものであった。

2　内部統制上の問題点

(1)　本件の発生原因

　ではこの事例について，内部統制上，どのような問題点があったのだろうか。

①　「元」従業員が継続して不正を行っていた点

(i)　「元」従業員の不正の継続

　Xは，平成12年に自己都合により退職したのち，平成13年に再入社している。再入社後も，平成24年5月ごろから体調不良等を理由とした長期間の欠勤状態が続き，平成24年9月には，体調不良による長期療養を理由として，同社を退社している。

　しかし，Xは，体調不良により欠勤していた平成24年5月から9月のみならず，退社後の同年10月から発覚する平成26年12月までも，本件不正を継続して行っていた。

　なぜ，従業員が，退職後も不正を継続できたのだろうか。これは，さまざまな要因が重なっている。発注担当者は，Xが退職したことを知った後は，S営業所の担当者に引き継いでもらいたい旨伝えていたようである。しかし，Xから「後任者へは引き継ぐ」「顧客が私（X）を指名してくる」と説明され，引継ぎがなされないまま，退職後も口頭による発注が繰り返されていたようである。

第5　元従業員が不正に商品を受領し，換金横領した事案　53

　なお，退職者が発注を繰り返していることに違和感を覚えた発注担当者もいたようである。この点について確認しようとしたところ，上司から「外注だろう」と言われ，特にＳ営業所に問い合わせをすることはなかったようである。Ｋ社では，退職者が外注先として仕事をすることもあったので，特段Ｓ営業所に確認することはなかったのである。

(ii)　3つのディフェンスライン

　企業における不正・不祥事を防止するためには，そもそもどのような体制を整備する必要があるだろうか。この点，内部監査実務指針によれば，企業が不正・不祥事を防ぐために，3つのディフェンスライン（防衛ライン）という考え方が紹介されている。

　これは，まず第1のディフェンスラインとして，業務執行の現場における管理および監督，第2のディフェンスラインとして，コンプライアンスやリスク管理等を所管する部署による管理および監視，第3のディフェンスラインとして，内部監査部門における監視および監査，という3つのラインにより，不正・不祥事を防いでいくという考え方である。

【3つのディフェンスライン】

```
第1のライン：業務執行の現場における管理および監督（現業部門）
第2のライン：コンプライアンスやリスク管理等を所管する部署による管理およ
　　　　　　　び監視（管理部門）
第3のライン：内部監査部門における監視および監査
```

　通常，第1のディフェンスラインとして，業務執行の現場における管理および監督がされているはずである。すなわち，現業部門におけるチェック体制，内部統制の仕組みが備わっている。とはいえ，本件のようにこれらのチェックが，実効的になされていない場合もある。

54　第2章　不正・不祥事事例

　本件は，第1のディフェンスラインにおいても，発見しうる事案であった。すなわち担当者が，S営業所に問い合わせをすれば，架空発注であることは，おそらく容易に発覚したものと思われる。しかし，結果的には，担当者からS営業所へ問い合わせがなされることはなかったのである。問い合わせをすることが「面倒」ということかもしれない。問い合わせをすることにより，もしかすると，その後の調査なども含めて，業務負担が増加するかもしれない。ただでさえ忙しいのに，これ以上仕事を増やしたくない，このような心理が働くものである。すなわち，担当部署でのチェック・確認として当然なされているようなことが，このような心理によってなされないことも起こりうるのである。

　本件でも，「外注だろう」ということで，この担当者が「納得」したことにより，その後の追加的な調査やチェックがなされることはなかった。自分の仕事を増やしたくないという心理を持つことは，会社組織においてそれほど特異なことではない。このような心理により，第1のディフェンスラインがすり抜けられるということもあるという点は，教訓として活かすべきであろう。

【退職者であるのに不正が継続できた理由】

> 担当者のチェックのすり抜け
> → 自分の仕事は増やしたくない？
> → 人は面倒くさがり，しぶしぶでも納得するという心理

②　製造依頼書に基づかない発注がなされたこと

　同社の工場においては，製造依頼書が発行されない限り，発注を行ってはならないという事実上のルールは存在したようである（ただし，調査報告書によれば，このルールは事実上のものであり，規程やマニュアル等には，明記まではされていなかったとのことである）。

　この点，本件不正とは無関係の工場においては，この事実上のルールに基づき，実際に，製造依頼書の「写し」が回付されない限り，仮発注は行わず，ま

た製造依頼書の「原本」が回付されない限り，本発注は行わないとの運用がなされていた。

これに対して，本件不正が発生した工場においては，このような運用が徹底されていなかった。営業担当者から購買部門に対して，「電話による」発注依頼があった場合に，早期納品の必要性が高いと告げられたときには，未だ製造依頼書が回付されておらず，オーダー番号等も伝えられていない場合においても，「例外的に」発注を行うという運用が行われていたようである。しかも，電話による発注依頼を受けた場合であっても，「事後的に」，製造依頼書が発行されたことをチェックするという運用も取られていなかった。すなわち，購買担当者による製造依頼書のチェックが徹底される体制ではなく，営業担当者の裁量のみで，発注が完結できる仕組みであった。

このように，往々にして，「ルールを守ること」は，「業務の効率性」とトレードオフの関係となることがある。実務においては，どうしても，業務の効率性を優先して，文書ではなく，口頭による発注を行わなければならないという場面がないとまではいえない。現実的には，一時的にでも，原則的な処理である「文書による発注」ではなく，例外的な処理である「口頭による発注」がなされることも，場合によっては仕方がないかもしれない。

しかし，最も注意しなければならないのは，このような事態が恒常化し，「例外が原則化」してしまうことである。しかも，そのような例外的な処理に対して，事後的なチェックまでもがなされていないということになれば，不正を行う「機会」が出現してしまうこととなる。

【本件不正の発生のポイント】

> 原則の例外化，例外の原則化が発生
> → その恒常化には注意が必要

③ 検収手続の不備

　以上のように，仮に口頭による発注が繰り返されていたとしても，モノは，あくまでXが指定した場所に納品され，K社に対しては届いていない。したがって，適切に「検収」手続がなされていれば，仕入先に支払がなされることはなく，同社に損害が発生することはなかったはずである。ここで検収手続とは，仕入先から納入された物および数量等を現物から確認し，確認された内容が発注内容と相違がないか確認する作業である。

　しかし，K社における検収は，以下のような問題点があった。K社においては，納入された物と「送り状」や「現品票」等と突合し，受け入れた現物の数量等の確認は行っていた。しかし，支払データとつながる「納品書」については，現物の納品時または後日の郵送により仕入先から回収した後，受入担当者等が，これらの現物や現品票等と突合することなく，納品書の検収欄に押印し，決裁権者が承認印を押印することによってなされていたようである。すなわち，支払データとつながる「納品書」の検収印は，本来モノが自社に到達し，仕入先に対して支払を行ってよい，という意味を持つものであるが，その点についての理解がされないまま，検収欄への押印が行われていたのである。

　本件において問題となった（自社に届かない）直送品についても，購買部門から営業所に対して，現物確認が積極的になされることはなかったようである。直送品の発注依頼者である営業担当者から，購買部門に何の連絡も来ないことをもって，納入された物およびその数量が確認された「はずである」と考え，納品されたものと取り扱っていたのである。この結果，本来検収業務（現物の確認作業）に関与していない「購買発注担当者が検収印を押印する」，という運用がなされていた。なお，調査報告書によれば，検収の「決裁権限者」の承認印についても，決裁権限者の承認印を預かった購買担当者が自ら押印をする運用がとられていたようであり，これも「効率性」を優先させたためとのことであった。

　このような，モノを確認していないにもかかわらず，検収印が押されていたことが，本件不正が発生した最も根本的な問題である。

第5 元従業員が不正に商品を受領し，換金横領した事案　57

　ではなぜこのようなことが起きたのであろうか。業務が多忙であった，人員不足であったなどさまざまな理由が考えられるが，結局は，「検収印の持つ意味」についての担当者の理解が不足していたためと考えられる。モノの「受入業務」と，カネの支払につながる「検収業務」が分断されていたため，それぞれの担当者が検収業務の一連の流れを理解せぬまま，「とりあえず」検収印を押す運用がなされていたため，このような不正が発生する「機会」を生んだのである。

【本件不正の発生のポイント】

> ・押印の持つ意味が理解されていたか？
> ⇒ 押印がなされていたとしても，その押印に意味があるのかについての実態が伴っているか？

(2)　改善のポイント

　では，前記のような内部統制の脆弱性に対して，どのように対応していくべきであろうか。

　製造依頼書に基づかない仕入先に対する発注については，このような口頭における発注はあくまで例外的な処理であること，その処理を常態化させないことを肝に銘じるべきである。仮に例外的な処理を行う必要がある場合であっても，事後的なチェックを行うことを忘れてはならない。

　また，前述のとおり，検収業務の持つ意味について，適切に理解されていなかったことが，本件の最大の問題点である。調査報告書によれば，直送品については，顧客に納品書を送付してしまうと，仕入単価が知られてしまうため，納品書については，購買担当者に送付されてくることとなっていた。このため，現物を直接受け入れていない従業員が，検収印を押印する運用となっていたようである。

　しかし，たとえこのような運用がなされていたとしても，営業担当者が実際

58　第2章　不正・不祥事事例

にモノを受け入れたか否かを適切に確認する仕組みを作っていれば，架空発注であることは判明したものと思われる。

　前述のとおり，担当者は，仕入先は，物を出荷したから納品書を返送してきている「はず」なので，現場からモノが届かないといったクレームが来ない限り，モノが現場に届いた「はず」であるとの発想で，納品書に押印していたようである。このような発想自体は，会社組織のなかで往々にしてみられることであり，特に珍しいことではないかもしれない。しかし，その「はず」の部分を，適切にチェックする体制に不備があると，本件のような不正が発生する可能性があるということについては，教訓とするべきであろう。

3　内部監査が機能しなかったことの問題点

(1)　内部監査の状況

　では，本件は内部監査で発見される可能性はなかったのであろうか。

　実は，K社では，過去5年間において，3件もの不正事案が発生しており，特に本事案の再発防止に直結しうる事案も存在したようである。

　また，調査報告書によれば，監査法人からの指摘として，「検収していないのに，検収手続を行っていたことが問題，内部統制の無視である，手続の徹底が重要……」との指摘がなされていた。しかし，このような指摘に対して，取締役会で具体的に議論された形跡は見当たらず，また何らかの具体的な施策が講じられた事実も認められないようである。内部監査においても，すべての工場において毎年最低1回は往査を行っていたものの，前述の過去の事例を生かしたリスク判断を行うことにより，監査計画を変更する等の対応は行われていなかった。

　そもそも，内部監査において，工場の実際の検収業務があるべき検収業務と異なっている（実際のモノを確認できていない）ことについて，過去の不正事案の本質的な問題点であるにもかかわらず，特段問題視がされることはなく，長期間指摘されていなかった。このような本質的なリスクについての認識ができな

かったこと，専門的な知識の不足が根本的な問題点であったといわざるをえない。

なお，内部監査に専従する人員についても，必ずしも十分ではなかったと指摘されている。

(2) 改善のポイント

前述2(1)の①(ⅱ)のとおり，組織における不正防止の観点から，内部監査は，3つのディフェンスラインの「最後の砦」としての役割を担う。第3のラインである内部監査部門は，監査対象の業績により評価される立場ではないため，現業部門から客観的かつ独立性が高い立場から，監査を行うことができるし，行う必要がある。組織としては，内部監査部門が「最後の砦」として，不正・不祥事を拾い上げる体制を構築することが重要である。

このような「最後の砦」としての内部監査にとって重要なことは多岐にわたるが，本件において教訓とするべきことは，過去の不正事例から適切な教訓を引き出すことが肝要であるということであろう。さらに，喉元過ぎれば熱さを忘れるということもある。その教訓が適切に活かされているかについて，内部監査において，フォローアップ「し続ける」ことも重要である。

《第5の事例のまとめ》

＊「元」従業員の不正が継続していたという点で特異なもの

＊製造依頼書という書面のない発注
• 効率性が優先され，口頭による発注という，原則の例外化，例外の原則化がなされた
　⇒ 事後的なチェックもなされなかったことにより，そのような例外的な状態が恒常化

＊検収手続の不備＝その押印に意味があるのか
　※過去の事例から適切な教訓を導き出すことができなかった
　⇒ 内部監査は過去の不正事例から適切な教訓を導き出すことが重要

⇒ それが適切に行われているか，内部監査によりフォローアップし続けることが必要

コラム

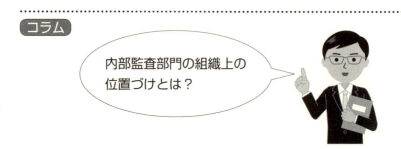

内部監査部門の組織上の位置づけとは？

　内部監査部門は，内部監査が他の部門から「独立的」に活動できるよう，組織体の最高責任者の直轄組織として，他のいかなる者からも影響を受けることのないよう，位置づけることが必要となる。
　とはいえ，組織の事情により，内部監査部門を，最高経営責任者以外に所属させることもある。この場合であっても，内部監査部門の独立性が十分に維持されるように，手当てする必要がある。
　いずれの場合であっても，内部監査部門から，取締役会，監査役（会），監査委員会への報告が，適切になされるようにしなければならない。

内部監査部門の体制例

　内部監査部門は，組織上さまざまに位置づけられるが，内部監査部門が，最高経営責任者以外に属する場合の例とその限界は，以下のとおりである。

〈内部監査部門が最高経営責任者以外に属する場合の例〉

　① 経理部や業務部などの部門内の一部門として位置づける場合
　この場合，所属する部門の業務についての監査に公正な結果を期待することはできなくなる。

　② 監査役の監査事務局に，内部監査人を配置する場合
　監査役と内部監査人との連携を深め，より確実な監査役監査を実施するという点

第5　元従業員が不正に商品を受領し，換金横領した事案　61

では有効な側面があると評価できる。この点は，プラスの側面である。

　しかし，監査役の監査と内部監査人の監査とは同じ監査行為であっても，対象，目的等が異なっている。このため，両者は補完関係にはあるものの，可能であれば，別組織にすることが望ましい。

③　その都度，内部監査チームを編成する場合

　組織体に常設の内部監査室を設置できるマンパワーがなければ，都度，内部監査チームを編成することも考えられる。

　しかし，この体制は内部監査人のスキルが蓄積されず，効果的な内部監査を行うことが難しい可能性があることが，問題点として考えられる。

第6 代表取締役が，取引先を経由させて社外流出させたグループ子会社の資金を横領した事例

1 事案の概要

　店舗運営事業のサポート等のシステム事業を行うL社およびグループ子会社のN社において，税務調査官と面談したI社長から，N社が取引先に支払った金銭の一部を不正に受領していたとの申告がなされた。

　その後，内部調査の結果，I社長が，N社の資金を，取引先経由で社外流出させ，横領していたことが判明した。不正実行期間は6年間，累計の資金流出額は1億6,000万円とされている。

　この事案における，具体的な取引の流れを示すと，以下のとおりである。

【本件の取引の流れ】

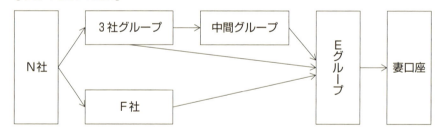

(1) 3社グループ商流

　I社長は，平成24年5月より平成28年6月までの間，自身が代表取締役を務めるL社のグループ子会社であるN社から，A社，B社およびC社の3社（以下「3社グループ」という）に対して，携帯電話の顧客紹介およびメディア業務提携等を名目として架空の取引を行い，資金を流出させた（以下「3社グ

ループ商流」という）。

　3社グループは，金融機関への振込手数料を控除した金額を，E1社，E2社およびE3社の3社（以下「Eグループ」という）へ振り込み，Eグループは，入金額から消費税率に1％を加算した割合を控除した金額を，I社長の配偶者のもつ旧姓名義の口座（以下「妻口座」という）へ振り込んでいた。

　なお，平成24年5月より平成26年5月の間は，3社グループより，D3社（旧名D2社など，以下「中間グループ」という）を経由して，Eグループに対して資金が移動している。この中間グループも，一定額を控除して，Eグループへ振込みを行っていた。

(2)　F社商流

　加えて，I社長は，平成26年2月より不正発覚の直近までの間，N社からF社へ資金を流出させている（以下「F社商流」という）。

　F社は，N社との間で，WEBコンサルティング業務委託契約等を締結していたところ，架空の業務をEグループのいずれかが実施したとして，この架空業務の対価名目で，N社から，F社を通じて，Eグループへと資金を流出させた。

　また，F社は，N社からウェブサイトの製作の委託を受けていたところ，この委託料について過大に支払を受け，余剰金額について，F社を通じてE3社へと資金を流出させていた。そうして，これら流出資金を，Eグループは，前記と同様に，妻口座へ振り込んでいた。

2　内部統制上の問題点

(1)　本件の発生原因

　では，この事例を発生させたことについて，L社にはどのような問題点があったのだろうか。

　まず，この不正行為に係る根本的な原因は，I社長，すなわち「経営者」に

より，「内部統制が無視」されたことである。せっかく有効な内部統制システムを構築したとしても，「経営者自身」がそれを無視してしまえば，内部統制という仕組みは，簡単に「無効化」，意味のないものになってしまう。残念ながら，内部統制は経営者が構築する仕組みであるため，経営者自身の不正を防止することには一定の限界がある。

L社グループにおいてこのような不正行為ができたのは，Ｉ社長が本件不正に係るすべての意思決定を行うことが可能であり，かつ，それについて効果的な監督を及ぼされることのない，いわば絶対的な権限者としての地位にあったことが原因である。それにもかかわらず，周囲からは，Ｉ社長は「信頼できる代表者」という高い評価を得ていたようである。

特に，今回の不正行為の舞台となったグループ子会社のＮ社においては，Ｉ社長１人が役員（代表取締役）を務めており，Ｉ社長がほぼすべての業務執行を行うという実態があった。

いうまでもなく，このような地位をＩ社長が保持していたことが，本件不正行為の最大の発生原因である。

これは，「内部統制の限界」といわれる状態である。内部統制を構築するのは経営者であるところ，経営者自身が不正を実行しようとした場合には，内部統制という仕組みは，骨抜きになり，意味のないものになってしまうのである。

【本件の不正の発生ポイント】

- 内部統制を無効化しようとする経営者の存在
→ 内部統制の限界

(2) 改善のポイント～コーポレート・ガバナンスの強化

では，このような経営者による「内部統制の無効化」に対して，どのように対応するべきであろうか。

第 6 　代表取締役が，取引先を経由させて社外流出させたグループ子会社の資金を横領した事例　65

　このような状態に対応することは実務的には難しいことは否めない。しかし，1つの解として挙げることができるのは，「コーポレート・ガバナンスの強化」ということであろう。

　L社は，平成8年に設立され，平成17年に上場している。スタートアップ企業や上場後まもない企業によく見られることであるが，代表取締役に，業務執行の「権限」が集中してしまうことが多い。会社のスタートアップの段階では，人材不足のため，このような権限の集中も，ある程度致し方ないという側面もある。

　とはいえ，不正・不祥事の防止という観点からは，たとえば，取締役会の開催頻度を増やす，社外の人材を含めたコンプライアンス委員会を開催する，といった対策を講じることにより，「経営者に対する監督」を強化することを検討するべきである。

　ただし，このような監督機能を強化するよう意思決定をするのは，「経営者自身」である。監督機能を強化するということは，不正の機会を窺う経営者にとっては，自分で自分自身を追い込むこととなってしまう。また，仮に，単に形式的に取締役会の開催頻度を増やすだけ，あるいは取締役会における承認事項を増やすだけといった対応では，むしろ機動的な意思決定に支障を来すという弊害が出ることにもなりかねない。

　しかし，会社を私物化し，結果的に内部統制を無効化することは，投資家に対する背信行為である。最も重要なことは，この点について，経営者に十分に理解を促すこと，すなわち経営者の意識を改革することである。

　このような投資家に対する背信行為は，せっかく軌道に乗った会社の存続に影響を与える可能性がある。それだけではなく，結局は，自分自身の社会的立場も危うくする可能性もある。上場会社は，たとえ経営者自身が立ち上げた会社であったとしても，すでに「プライベート」なものではなく，広く社会から資金を集め，多数の利害関係者が存在する「パブリック」な存在である。会社を永続的に発展させていくためには，アクセルを踏むのみならず，適切にブレーキをかけていくことも重要である。そのための仕組みを持たず，アクセル

66　第2章　不正・不祥事事例

を踏み続けるだけでは，会社は発展するどころか，どこかの段階で破綻を来してしまうだろう。このように，経営者自身の意識を改革していかなくてはならない。

　理想としては，コーポレート・ガバナンスの仕組みとして，自身も法的な責任を問われる可能性のある，監査役が主導して，経営者の意識改革を促していくことである。とはいえ，経営者が執行の大部分を担っているような会社においては，監査役も含めて，現状の人材だけで，このような意識改革を促していくことは，難しいのも事実である。このため，必要に応じて，専門家の助力を求めることも考えるべきであろう。

【経営者による内部統制の無効化への対応】

> コーポレート・ガバナンスの強化
> → 経営者に対する監督機能を強化・社外人材の活用

3　内部監査が機能しなかったことの問題点

(1)　内部監査の状況

　公表資料によると，L社においては，内部監査部門として，「内部監査室」が設置されていた。この内部監査室は，内部監査部門を持たないグループ子会社に対する業務監査の実施等を行うとされていた。また，リスク管理・コンプライアンス機能は，管理本部が担っていたようである。

　しかし，本件のような経営者不正に対して，内部監査部門の立ち回り方は大変難しい。内部監査部門は，あくまで経営者に直属する組織として，執行ラインに置かれていることが多いからである。本件においても，グループ子会社のN社等の内部監査部門の監査の結果は，L社の代表取締役に報告するものとされていた。

第6　代表取締役が，取引先を経由させて社外流出させたグループ子会社の資金を横領した事例　67

　さらに，Ｌ社グループにおいては，事業所監査や内部統制評価などの内部監査の実務については，外部委託していたとのことであった。ここでいう事業所監査とは，情報管理や各種ハラスメントを，主たる監査項目として行っていたようである。つまり，取引における証憑の具備状況や，契約書や必要書類の整備状況，業務プロセスの検証，リスク管理・コンプライアンス機能を担う管理本部が有効に機能しているかといった点の検証は，行われていなかったようである。また，監査役（監査役会）との連携についても，特段の配慮はなされていなかった。

　以上のように，Ｌ社グループの実態としては，業務リスクをふまえたうえでの有効な内部監査は実施されていなかったようである。

　このように，内部監査の実効性が限定的なものであったのは，前述のとおり，そもそも内部監査はあくまで経営者に直属する組織として，執行ラインに置かれており，最終報告者がＩ社長だったからである。Ｉ社長にとって，自身の不正行為を発見するかもしれない，内部監査機能を積極的に強化しようとする意識は，おそらく高くはなかったであろう。

　仮に，内部監査により，本件不正行為について何らかの兆候が発見されたとしても，現実的に，その事実を，内部監査部門が指摘できたのかどうかは難しかったといわざるをえない。その報告は，最終的には，経営者であるＩ社長になされるからである。

　前述のとおり，本件不正行為は，税務調査を端緒として発見されたものであり，内部監査によって発見されたものではなかった。内部監査という，不正行為を組織内部の防衛機能を通じて発見することができなかったのは，結局は「組織のガバナンス力が脆弱であった」ということに尽きるのだろう。

【内部監査の問題点のポイント】

業務リスクをふまえたうえでの有効な監査が実施されていなかった
　＝　組織のガバナンス力の脆弱性

68　第 2 章　不正・不祥事事例

(2)　改善のポイント

　前述のとおり，L 社グループにおいては，I 社長に権限が集中し，組織ガバナンス，業務プロセスにおける統制が機能していない状況にあった。

　組織のガバナンス力を高めるためには，組織全体の統制機能を強化するのと同時に，内部監査においても，業務リスクを意識したモニタリングを実施していく必要がある。仮に，現状において，モニタリング機能を担う内部監査人員が，質量ともに不足しているのであれば，将来的な内製化を念頭に置きながら当面は外注をする，徐々にその機能を強化していく，という段階をふまえた対応を行うことしかないだろう。

　とはいえ，本件のような経営者が内部統制の仕組みを無視する，いわゆる経営者不正の場合，経営者に直属している内部監査部門が，積極的に，経営者「不正」を暴くという，期待されている機能を発揮することは，現実的には難しい。

　このような状態をどのように打開するか，それに対する解を提示することも容易ではないが，1 つの解決策としては，内部監査部門と監査役，および会計監査人が「連携」し，監査の実効性を高めていくことではないだろうか。

　監査役は，取締役の職務執行を監査する機関であるところ，その権限としては，経営者の違法行為の差止めを行うことができる（会社法385条 1 項）。また，会計監査人は，外部監査を行う職業専門家として，その専門的知識を活用することができる。すなわち，内部監査部門が「孤立」することなく，監査役，会計監査人と「連携」し，それぞれが情報共有しながら，それぞれが執行に対する「監査」機能を有効に機能させようとする意識を持つこと，さらにそれぞれが持つ権限を適切に発揮していくことが重要なのである。

　本件では，過去，A 社，B 社，C 社へ顧客紹介料を支払っている理由について確認を求める，監査法人（会計監査人）からの照会がなされたという事実もあったようである。仮に，その時点で，監査法人や内部監査部門，監査役といった三者が「連携」し，当該顧客紹介料の支払について深掘りした調査を行っていれば，その取引自体が架空のものであり，資金の流出の端緒をつかめたよう

第6 代表取締役が，取引先を経由させて社外流出させたグループ子会社の資金を横領した事例　69

に思われる。

　内部監査部門と監査役，会計監査人の連携強化を図り，より深く監査を実施することによって，このような不正行為の端緒に気づき，経営者の不正行為を発見できる可能性もある。このような体制を構築することこそ，経営者の独断で何事も決まってしまう，組織としては未発達な状態から，より進化した組織に脱皮することができる。

　現実的に，経営者の独断でほぼすべてが決まる会社が存在すること，そのような会社において有効な監査を行うことは実務的にさまざまな困難が伴うことは否定できない。しかし，このような状態を放置することにより，前述のとおり，せっかく軌道に乗った会社の存続に影響を与える事態につながる可能性がある。それだけではなく，結局は，自分自身の社会的立場も危うくする可能性もあることを，経営者自身が肝に銘じるべきである。

【内部監査の改善のポイント】

経営者不正への対応
→ 内部監査部門が監査役，会計監査人と「連携」し，それぞれが情報共有しながら，それぞれが執行に対する「監査」機能を有効に機能させる

《第6の事例のまとめ》

＊代表取締役が，グループ子会社の資金を，取引先を経由させて社外に流出させて横領した
＊代表取締役に権限が集中し，組織ガバナンス，業務プロセスにおける統制が機能していなかった
＊経営者の内部統制の無効化への対応
⇒ 経営者に対する監督機能を強化
⇒ 内部監査部門と監査役，会計監査人との「連携」の強化

> コラム

各種監査の連携：三様監査とは？

内部監査は，特に法律上の根拠を有するものではなく，任意のものである。これに対して，法令上必要とされる，「法定」監査がある。このような法定監査と内部監査の関係は，以下のように整理できる。

① 三様監査

三様監査とは，会計監査，監査役監査，内部監査といった，三者による監査の総称である。

各監査の目的等は異なるが，それぞれが他の監査機関と連携し，相互に範囲，結果，現状などについての情報共有を行うことで，会社をより深く理解することができる。

仮に監査を実施していない場合であっても，監査を行った主体から，各部門などの改善点（未対処のリスクが放置されている業務，コンプライアンスが徹底されていない部門，内部統制が意図したとおりに機能していないなど）や各業務についての状況について情報共有することにより，各監査をより有効，効果的にすることが可能となる。

会計監査

会計監査とは，企業，公益団体および行政機関等の会計（決算）に関して，一定の独立性を有する組織が，対象企業，団体等の報告内容を検証・確認し，その内容に虚偽の表示等がないことに関して意見表明することをいう。

企業から独立した第三者である，公認会計士または監査法人による企業等の財務諸表に対する意見表明が一般的である。いわゆる，「外部監査」として位置づけられる。

監査役監査

監査役監査とは，監査役が，会社法の規定に基づき，取締役の職務の執行が法令

および定款等に適合し，善管注意義務に違反していないかどうか，かつ計算書類が公正妥当な会社計算規則等に準拠して適法に作成されているかどうかを検討し，その意見を監査報告に記載する監査のことをいう。このため，監査役監査は，会計監査と業務監査を含んでいる。

なお，会計監査人設置会社においては，会計監査人が会計監査を行い，監査役は，その方法および結果が相当であるかどうかの意見を監査報告に記載することとなっている。

内部監査

前述のとおり，内部監査とは，組織体の経営目標が効果的に達成されるために役立つことを目的とした監査である。

内部監査は，合法性（遵法性）と合理性（妥当性）の観点から，公正かつ独立の立場で，ガバナンス・プロセス，リスク・マネジメントおよびコントロールに関連する経営諸活動の遂行状況を，内部監査人としての規律遵守の態度をもって評価し，これに基づいて客観的意見を述べる。すなわち，経営体に対して助言・勧告を行うアシュアランス業務，および特定の経営諸活動の支援を行うアドバイザリー業務が含まれる。

②　内部監査と法定監査の関係

内部監査と法定監査（会計監査，監査役監査）とは，以下のように，相互補完的な関係がある。

内部監査による法定監査の補完

まず，わが国の法律に基づく監査制度（法定監査）としては，金融商品取引法による公認会計士の監査，会社法による監査役等の監査，会計監査人の監査などがある。これらの監査は，内部統制システムの適切な整備・運用を前提としている。

内部監査は，法定監査の前提として，内部統制システムを独立的に検討，評価する。この結果，法定監査の実効性を高めることとなる。

法定監査による内部監査の補完

他方，内部監査は，必要に応じて，内部監査とは独立して行われる法定監査の結果を活用することとなる。

＊　　＊　　＊

72　第2章　不正・不祥事事例

　以上のとおり，内部監査と各種法定監査は，相互に補完的な関係を有している。

③　連携の必要性

　監査とは，客観的立場にある第三者（監査人）が特定の人物，組織，事業体等があらかじめ与えられ業務を各ルールに従って適切に運営されているか，当該業務が有効であったかどうか等を検証し，その結果を報告または証明する業務をいう。

　監査にはさまざまな態様があり，内部監査を有効かつ適切に遂行するために，各監査との連携が求められている。

　この点，第6の事例のような，経営者による「内部統制の無効化」への対応として，経営者に直属している「内部監査」部門が，積極的に，経営者の「不正」を暴くという，期待されている機能を発揮することは，現実的には難しい。このため，内部監査部門と監査役，および会計監査人が「連携」し，それぞれが情報共有しながら，それぞれが執行に対する「監査」機能を有効に機能させようとする意識を持つこと，さらにそれぞれがもつ権限を適切に発揮していくことが重要である。

第7 連結子会社の事業部部長による
　　　広告宣伝費の計上時期の繰延行為の事例

1 事案の概要

　T社は，駐車場を中心とした不動産事業等を手掛けるグループの管理を行っているところ，その連結子会社であるN社において，1件注文を受けるためにかかった費用に関する指標が，大幅に悪化していることが判明した。
　担当者に対して，原因の説明を求めたところ，本来前月に計上すべき広告宣伝費の請求を繰り延べるように，取引先に依頼したとのことであった。このため，社内調査チームによる調査が開始され，その後，利害関係のない社外の弁

【本件の関係図】

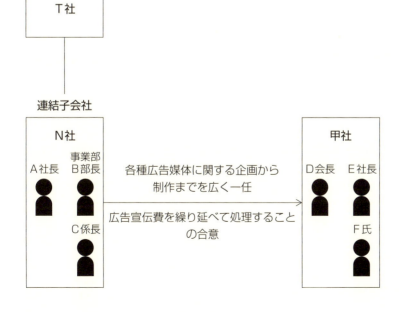

74 第2章 不正・不祥事事例

護士，公認会計士を含めた調査委員会が設置された。

　調査の結果，平成27年12月から平成28年6月までの広告宣伝費について，業績が悪化することを避けるために，費用が不適切に繰り延べられていたことが判明した。

　この不適切な会計処理の具体的な内容は，以下のとおりである。なお，N社は6月末決算の会社である。

【本件不適切会計処理の具体的な内容】

　調査委員会により認定された不適切な会計処理は，以下の4件である。

①　平成27年12月の広告宣伝費の繰延べ

　平成27年12月の広告宣伝費（サーチエンジンマーケティング・アフィリエイト）として計上すべき2,300万円について，平成28年1月の広告宣伝費として繰り延べて会計処理が行われていた。

　事実の経緯としては，次のようなものであった。

　平成27年12月中旬頃，N社のA社長は，当月の広告宣伝費が予想以上の金額となる見込みであることを認識し，平成28年6月期第2四半期決算におけるN社の業績数値が悪化することが懸念されたため，事業部のB部長に対して，「何とかならないか」と述べた。

　このA社長の発言を受けて，B部長は，各種広告媒体に関する企画から制作までを一任していた甲社に対して，「予算がない」と伝えて調整を依頼した。その後の協議の結果，本来12月の広告宣伝費として処理すべき2,300万円について，平成28年1月の広告宣伝費として，繰り延べて処理することを合意した。

　甲社は，このような合意に従って，平成28年1月付けで，前記2,300万円の請求書をN社に交付した。N社は，この請求書に基づいて支払を行い，平成28年1月の広告宣伝費として会計処理した。

　以上の処理について，B部長は，「繰延べの認識はあった」「最終的な処理についてはA社長に報告した」旨を述べており，A社長は「明確な記憶はないものの報告を受けていると思う」旨を述べている。

　また，B部長およびA社長とも「一事業年度中に処理できるのであれば大きな問題ではないと認識していた」と述べている。

第7　連結子会社の事業部部長による広告宣伝費の計上時期の繰延行為の事例　75

② 平成28年3月～6月の広告宣伝費に関する不適切な会計処理

　広告宣伝費（ラジオ）の総額2,500万円のうち，放送回数による按分によって平成28年3月に計上すべき666万6,666円について，同月には計上せず，平成28年4月以降の広告宣伝費として繰り延べて，平成28年6月までに会計処理を行った。

　事実の経緯としては，次のとおりである。

　平成28年3月22日から平成28年6月27日にかけて，タイアップ企画として，ラジオ番組のなかでN社の商品の宣伝が行われた。この広告宣伝費2,500万円に関し，当初は平成28年3月の広告宣伝費として，1,000万円ないし500万円を処理するとの話もあったようである。最終的には，N社と甲社の協議によって，平成28年3月には計上せず，平成28年4月以降の広告宣伝費として繰り延べて，平成28年6月までに処理された。

　前記の事実を前提とすれば，広告宣伝費として支出された2,500万円は，広告の役務提供を受けた時点で，費用計上しなければならないのであり，少なくとも各月の放送回数により按分して計上すべきであると思われる。すなわち，平成28年3月に，666万6,666円を計上すべきであった。

　もっともN社および甲社の関係者はいずれも「2,500万円の分割方法については当事者間での合意によって決定できる」と「誤解」していたとのことであり，不当な意図をもって繰延べされたことまでは認められない，とされているようである。

③ 平成28年4月～6月の広告宣伝費の繰延べ

　平成28年4月～6月の広告宣伝費（アフィリエイト）として計上すべき1,200万円について，平成28年7月～9月の広告宣伝費として，繰り延べて会計処理がなされていた。

　事実の経緯としては，次のとおりである。

　平成28年4月中旬ごろ，N社の期末（6月末）の業績数値が悪化することを懸念したB部長は，甲社側に対して，平成28年6月までの広告宣伝費について，従前の予算から2,400万円削減するよう依頼した。しかし，甲社からは，アフィリエイトの広告掲載停止には，2カ月程度を要することなどを理由に拒否された。

　平成28年4月下旬，N社のB部長およびA社長ならびに甲社のD会長，E社長およびF氏が参加した会合において，平成28年4月～6月の広告宣伝費1,200万円について，翌事業年度である平成28年7月から平成28年10月までの間の広告宣伝費として，繰り延べて処理することを合意した。

　この「1,200万円」という金額について，N社としては，2,400万円の繰延べを

希望していたようである。しかし，甲社から，「資金繰りの観点からの限界値」として1,200万円が提示され，決定した。また，平成28年10月までに処理するものとされたのは，甲社の決算期が10月であったためである。

その後，N社のB部長やC係長と甲社のF氏との間で，事務的な詰め作業が行われた。平成28年4月〜6月までの広告宣伝費として処理すべき，各月400万円（合計1,200万円）について，平成28年7月の広告宣伝費として300万円，平成28年8月の広告宣伝費として350万円，平成28年9月の広告宣伝費として550万円を計上することとなり，実際にこのとおりの請求書の交付および支払が行われた。

以上の処理について，B部長は「期をまたぐ繰延べであり，やってはならないこととの認識はあったが，前期もN社の業績数値が悪くて迷惑をかけたため，今期こそは結果を出さなければならないと思った」「最終的な処理についてはA社長に報告した」旨を述べている。

A社長も「平成28年4月〜6月までの1,200万円について，平成28年7月以降に支払う必要があることは認識していた」と述べ，繰延べについての認識があったことを認めている。

④　平成28年6月の広告宣伝費の繰延べ

平成28年6月の広告宣伝費として計上すべき299万3,000円について，平成28年7月の広告宣伝費として，繰り延べて会計処理を行った。

事実の経緯としては，次のとおりである。

まず，N社と甲社の協議によって，平成28年6月に，DM（ダイレクトメール）による広告宣伝を実施することとなり，同月22日頃までには発送が完了した。

DMの費用（299万3,000円）は，本来，平成28年6月の広告宣伝費として処理すべきものである。しかし，N社のB部長は，C係長に対して，平成28年7月の請求としてもらうよう指示し，C係長はこの指示に従って，甲社のF氏に依頼した。その結果，甲社から平成28年7月31日付けの請求書を交付してもらい，翌事業年度である平成28年7月の広告宣伝費として，繰り延べて処理した。

以上の処理について，N社のA社長は「知らない」と述べ，B部長も「この件はA社長に報告していないので知らないと思う」と述べており，A社長は認識していなかったものとされており，B部長の単独の行為と思われる。

2　内部統制上の問題点

(1)　本件不正行為の発生原因

調査報告書によれば，本件不適切会計処理の動機および背景として，

① 　数値目標の達成に関するプレッシャー
② 　甲社に対する広告宣伝業務の広範な一任
③ 　甲社との依存関係
④ 　広告宣伝費の計算方法等に関する書面の不存在
⑤ 　経営陣のコンプライアンス意識・会計的知識の不十分さ

が挙げられている。

①　数値目標の達成に関するプレッシャー

T社のグループでは，事業年度の当初に予算を作成し，当該予算で掲げた数値を目標としているところ，特殊な事情変動があった場合は別として，事業年度途中での予算の大幅な修正は基本的に行われないことから，実績値が数値目標と乖離していくケースもある。

この点について，グループ各社の経営陣は，特に事業年度途中に実績値と数値目標の乖離が進むような状況下では，数値目標の達成に関して，相応のプレッシャーを感じていたことが見受けられた。とはいえ，T社の経営陣から，数値目標不達成の場合の叱責や報酬の減額などの「過度な」圧力が加えられたような事情までは見受けられなかったようである。

②　甲社に対する広告宣伝業務の広範な一任
③　甲社との依存関係

N社は，甲社に対して，広告宣伝の実施に関する業務について，ほぼ丸投げ

をしていた状態であったようである。このため，広告宣伝全体の方針の決定や業績に関する数値目標を見据えた広告総量の調整について，N社自身における意思決定は十分になされておらず，広告費用についてコントロールできていなかった。

他方で，甲社の売上の大部分は，N社からの広告宣伝費で占められており，甲社の経営は，N社に大きく依存していた。このため，甲社は，N社からの要請を，聞き入れなければならない立場にあった。このような両者の関係から，N社は甲社に対して，仮に不適切な処理を行うことを要請しても，聞き入れてもらえる状態にあり，本件不正を行う「機会」があったものと考えられる。

④　広告宣伝費の計算方法等に関する書面の不存在
⑤　経営陣のコンプライアンス意識・会計的知識の不十分さ

個々の広告媒体に関する広告宣伝費の計算方法や，実績の確定時期（広告宣伝費の支払時期）について，N社と甲社との間で，明確に合意された書面は存在しなかった。こうした点を含め，N社においては，「甲社さえ納得すれば支払時期を遅らせることができる」との意識が醸成されることとなった。

また，A社長およびB部長については，上場会社において適正に会計処理を行うことの重要性，コンプライアンスに関する認識が極めて不十分であったといわざるをえない。適正な会計処理よりも，一時的な数値目標の達成を優先させることにより，結果的にT社グループ全体に甚大な損失を発生させる可能性があることについての認識が乏しかった。

本来は，広告宣伝費は，広告の役務提供を受けた時点で，費用計上しなければならない。会計的には，費用計上の時期は，相手方との合意に基づく「支払時期」とは全く無関係である。しかし，A社長およびB部長は，この点の認識が欠けていた。さらに，「一事業年度中に処理できるのであれば大きな問題ではない」との認識もあったとのことであり，四半期・半期報告など通期でない期間損益計算も含めて考えれば，その会計的知識も極めて不十分であったといわざるをえないであろう。

第7　連結子会社の事業部部長による広告宣伝費の計上時期の繰延行為の事例　79

【本件の不正の発生ポイント】

① 数値目標の達成に関するプレッシャー
② 甲社に対する広告宣伝業務の広範な一任（各種広告媒体に関する企画から制作までを一任していた）により広告費用についてコントロールできていなかった
③ 甲社との依存関係
④ 広告宣伝費の計算方法等に関する書面の不存在
⑤ 経営陣のコンプライアンス意識・会計的知識の不十分さ

(2)　改善のポイント

　本件不正における，広告宣伝費といった費用の繰延べは，「粉飾決算」でよくみられる手法であり，典型的な事例である。

　予算や数値目標，その達成に対するプレッシャー自体は，どの事業会社においても存在するものである。営利企業である以上，むしろそのような数値目標は必須であるといっていい。しかし，それを「適度」な数値目標にとどめることが重要であり，「過度」な数値目標になると，その達成が「動機」となって，不適切な会計を誘発することとなる。このようなバランスをとることが，まさに「経営」の難しい課題である。

　このような費用の繰延べの事例において，典型的な「正当化」の理由は，「一事業年度中に処理できるのであれば大きな問題ではない」ということである。

　いうまでもなく，上場会社の連結子会社の場合，親会社は四半期ごとに財務諸表を公表しており，投資家はその数値に基づき，投資判断を行っている。一事業年度中に処理できるとしても，四半期において「正しくない」数値を公表することは，虚偽の決算報告をしたこととなる。

　このような粉飾決算を防止するためには，結局は，前記⑤の経営陣にコンプライアンス意識，すなわち，「粉飾決算は，最終的にはグループ全体に損害を与えることにつながる」という意識を植え付けることが，何よりも重要である。

80 第2章 不正・不祥事事例

粉飾を行い，一時的な利益を計上したとしても，何の問題解決にもつながらないどころか，最終的にはかえって傷口を広げてしまうことになるのである。

事実，T社においては，N社の本件不正会計処理の調査，平成29年6月期第1四半期決算短信の開示時期を延期することとなったほか，不適切な会計処理を訂正するため，有価証券報告書等の訂正報告書を提出することとなった。また，調査委員会の設置，過年度の決算短信の訂正等の処理を行うとともに，その事実を適時開示することにより，レピュテーションを含めた甚大な損失を被ることとなった。利害関係者からの信頼を失うなど，粉飾決算において，会社に与える有形・無形の損害は計りしれない。

このような事態を防ぐためには，経営陣自身や従業員に対して，適正な決算に対する感度を高め，コンプライアンス意識を植え付けることが必要である。また，不正ができない環境，すなわち不正の「機会」を作らないようにするために，調査報告書でも指摘されているように，次のような体制の整備も必要であろう。

① 数値目標達成に対するプレッシャーの合理的な緩和

本件不適切会計処理については，事業年度当初に立てた予算と実績値の乖離が進んでいくことがN社経営陣へのプレッシャーとなったことは否定できないだろう。

このため，予算については事業年度途中であっても，それまでの実績値をふまえて，随時（たとえば四半期ごとに）修正することを認めるなどして，各社経営陣へのプレッシャーを「合理的に」緩和することも検討する必要があろう。

② 依存度の高い取引先との取引の適正化

売上の大部分を占める取引先，すなわち「過度な」依存関係にある取引先は，甘えや馴れ合いにより，本件不正のような会計処理を「幇助」する可能性は否定できない。このため，特に，このような取引先との取引内容については注意が必要であり，定期的にモニタリングする必要がある。

また，本件におけるＮ社の広告宣伝業務のように，ある取引先に広範な権限を実質的に丸投げしてしまうと，自社のコントロールが効きづらくなるおそれもある。このため，複数の業者への委託を行うなどして，競争原理を維持し，取引の合理性・健全性を保つ必要がある。

③　契約書面の締結

当然のことながら，各種取引における対価の決定方法や，支払時期等の重要事項については，取引先との間で契約書面を締結して明確にすることが必要である。これは，会計不正の防止という側面のみならず，相手方とのトラブルを防止するという観点からも重要である。

契約書面の内容に従って取引を行うことにより，曖昧さを排除し，取引先との馴れ合いによる不正を未然に防ぐ必要がある。

【本件における内部統制上の管理体制改善のポイント】

---

① 数値目標達成に対するプレッシャーの合理的な緩和
② 依存度の高い取引先との取引の適正化
③ 契約書面の締結

3　内部監査が機能しなかったことの問題点

では，本件における不正会計処理を，内部監査により早期に発見できなかったのであろうか。

(1)　内部監査の状況

調査報告書によれば，本件不適切会計処理の発生した広告宣伝費の支払取引は，取引額から，重要性が低いという理由で，内部統制の評価対象とはなって

82　第2章　不正・不祥事事例

いなかったようである。

　内部監査も，監査資源の有効活用の観点から，リスクアプローチにより，監査対象の優先順位付けを行っていかなければならない。しかし，残念ながら，本件の会計不正のように，優先順位付けの低い対象からも，大きな不正は発生しうるのである。

(2)　改善のポイント

　費用の繰延べは，会計不正・不適切会計の典型事例である。後講釈ではあるが，このような事象を想定した，広告宣伝費の支払処理に関する監査は必要であったというべきであろう。

　本件においては，N社のA社長も一部関与しているようであるから，経営者が関与した不正でもある。内部監査は，「独立」しているとはいえ，最終的には経営者に報告する立場であることから，本件のような経営者不正について，内部監査が機能しなかったことについて，致し方ないという側面もある。

　しかし，調査報告書によれば，本件では，C係長は，B部長の指示を受けて，本件会計不正の事務処理に一部関与している。C係長は，このような処理は「適正な処理ではないのではないか」との疑念を有していたとのことである。

　このような疑念を持った時点で，C係長が，たとえば内部通報窓口に通報するなどしていれば，本件不適切会計処理の全部または一部を，未然に防ぐことができた可能性もあっただろう。しかし，現実には，このような事実が，通報されるに至らなかった。

　通常のレポートラインでは吸い上げられない情報を入手するためには，「実効的な」内部通報制度を構築することを考えなければならない。内部通報制度を実効的なものにするためには，通報者の匿名性に配慮し，通報によって不利益がもたらされないという信頼性を持たせることが肝要である。この「匿名性」のポイントは，通報受領の際は当然のこと，通報事実を調査する際にも，たとえばダミー調査を行うなど，通報者の特定ができないような調査・運用を行うことが必要である。このような配慮がなされることにより，内部通報制度が機

能することにつながる。

　内部通報により取得された情報の事実関係について，内部監査を行うことも
ありうるだろう。実効的な内部通報制度を構築することは，実効的な内部監査
にもつながるのである。内部通報において収集された情報を，通報者に対して
配慮しながら，どのように内部監査において活用していくかについて考えてい
く必要があろう。

【内部監査の改善のポイント】

> 費用の繰延べによる不適切会計を想定した内部監査の実施
> → 経営者が関与した場合に備えての実効的な内部通報制度の構築

《第7の事例のまとめ》

> ＊連結子会社の事業部部長による広告宣伝費の計上時期の繰延行為
> ＊広告宣伝費といった費用の繰延べは，「粉飾決算」でよく見られる手法であり，
> 　典型的な事例である
> ＊費用の計上時期の繰延べへの対応
> ⇒ 経営陣に費用の計上時期の繰延べは，虚偽の決算報告につながるとのコンプ
> 　ライアンス認識の醸成
> ⇒ 不正ができない環境の整備
> 　● 数値目標達成に対するプレッシャーの合理的な緩和
> 　● 依存度の高い取引先との取引の適正化
> ⇒ 費用の繰延べによる不適切会計を想定した内部監査の実施，経営者が関与し
> 　た場合に備えての実効的な内部通報制度の構築

第8 工場において棚卸資産が過大計上され，売上原価が過少計上されていた事例

1 事案の概要

　各種発動機弁，自動車部品，紡績部品，機械部品器具等の製造販売を行うN社のH工場において，棚卸資産が過大に計上されている疑いが発覚した。
　このため，平成28年9月中旬より，H工場内で確認を行ったところ，加工中の仕掛品を，完成品として計上していたことが判明した。
　このような事態の発覚を受け，他の工場においても調査をした結果，V工場においても，仕掛品および完成品の在庫に不適切な計上があり，S工場においては，材料等について架空の在庫を計上していることが判明した。

【本件の関係図】

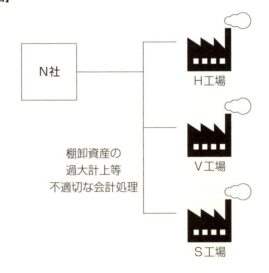

第8 工場において棚卸資産が過大計上され，売上原価が過少計上されていた事例　85

　これらを受けて，平成28年10月25日に，不適切な会計処理が判明した旨を開示するとともに，平成28年10月31日には，利害関係を有しない外部の弁護士・公認会計士を調査委員とする調査委員会が設置された。

　調査委員会の調査の結果，それぞれの工場において，本来「仕掛品」勘定として計上されるべき最終検査前の仕掛品を，完成品として「先行」計上していた（以下「前倒し計上」という）ことが判明した。

　N社においては，仕掛品と完成品では，社内で設定されている単価が異なっていた。この前倒し計上の結果，仕掛品と完成品の単価差に，前倒し計上された数量を乗じた金額分だけ，棚卸資産金額が過大計上されていた。すなわち，同額の売上原価が過少計上され，利益が過大になるという粉飾が行われていたこととなる。

　さらに，H工場のほかにV工場においても，完成品および仕掛品の架空計上が行われており，S工場においては，鋼材および副資材の投入の一部が認識されていなかった。すなわち，この架空計上により棚卸資産が過大計上され，売上原価が過少計上されていたこととなる。

　前述のような各工場の不適切な会計処理の概要をまとめると，以下のとおりである。

【各工場における不適切な会計処理の概要】

①　H工場
　平成26年3月期以降，同工場における月次の計画生産数を達成するよう，一部の仕掛品を完成品として前倒し計上していた。
②　V工場
　平成26年3月期以降，同工場における月次の計画生産数を達成するよう，一部の仕掛品を完成品として前倒し計上していた。
　また，対応する仕掛品が存在しない完成品や，仕掛品自体を架空計上していた。
③　S工場
　平成22年頃以降，同工場における月次の計画生産数を達成するよう，一部の最

86　第2章　不正・不祥事事例

終検査直前の仕掛品を完成品として前倒し計上していた。

　棚卸の際には，仕掛品および完成品に貼り付けた棚札には棚卸時の実数を記載する一方，集計用の棚札については帳簿に沿う数値に書き換えていた。

　さらに，このような前倒し計上に伴う棚札の書換え等を行っても完成品および仕掛品の在庫数と帳簿上の数とが一致しない場合には，棚卸の際に同様に棚札の書換え等を行い，帳簿上の数の完成品および仕掛品が存在するかのように見せかけていた。

　また，鋼材および副資材について，平成21年から22年頃以降，実際には鋼材または副資材が出庫されているにもかかわらず，同工場における月次予算上の工場利益を達成する目的で意図的に出庫手続を行わないこと，または，出庫手続の失念などの理由により，これらの資材の投入の一部を認識せず，棚卸に際しては棚札の集計表に虚偽の数値を記載する等していた。

2　内部統制上の問題点

(1)　本件不正行為の発生原因

①　本件不適切会計処理の「動機」

　調査報告書によれば，本件不適切会計処理の「動機」として，N社の業績が，堅調に推移しているとはいえなかったことが挙げられている。

　特に，製造拠点の海外シフトが進むなか，N社の国内の各工場においては，工場利益の維持・確保，とりわけ，月次の実行計画上の生産数量の達成を目指すという意識が強く働いていた。担当者は，製造統括部長等の工場外の役職員に対して，実行計画の大幅な未達について，報告・相談することが憚られていたようである。その結果，各工場において，実行計画を達成した旨報告するために，本件不適切会計処理に及んだものと認定されている。

　また，前述のような本件不適切会計処理により，計画が達成できていると一旦見せかけたことによって，翌年度の計画では，当年度の実績に原価低減等を加味した，より高い目標が設定されることとなってしまった。その結果，さら

第8　工場において棚卸資産が過大計上され，売上原価が過少計上されていた事例　87

に本件不適切会計処理を継続せざるをえなくなるという，悪循環に陥っていたとされている。一度不正を始めてしまうと，自転車操業的に繰り返さざるをえなくなるという，不正が継続する典型的なパターンである。

②　本件不適切会計の「正当化」と「機会」

調査報告書において，生産実績を各工場の実行計画を達成したように見せかけることができた理由として挙げられているのは，

(i)　規範意識の鈍麻，適正な財務報告に対する意識の低さ
(ii)　本件不適切会計処理の実行の容易性，棚卸に係る内部統制上の不備，製造統括部による監督機能不全

などである。

まず，(i)規範意識の鈍麻，適正な財務報告に対する意識の低さに関しては，どのような組織にも潜む可能性がある問題でもあり，「意識が低い」というだけでは片づけられないものである。本件不適切会計処理に関与した者の多くは，生産数量の偽装は「正しくない行為である」との認識はあったようである。しかし，そのような認識があったにもかかわらず，積極的な是正措置をとった者はいなかった。

調査報告書によれば，各工場においては，本件不適切会計処理の以前にも，期ずれをしない場合には，完成間近の仕掛品を，完成品として前倒し計上するといった処理は，限定的ながらも行われていたようである。このような処理は，期をまたがなくても，四半期や半期といった期間での損益には影響を及ぼすのであり，許されるものではない。調査報告書によれば，このような処理が，量的・質的に増大しつつ恒常化していくなかで，不正確な数量の報告に対する関与者の規範意識が鈍麻していってしまった可能性がある，とされている。このような規範意識の鈍麻が，本件不適切会計処理の「正当化」につながったものと考えられる。

さらに，(ⅱ)本件不適切会計処理の実行の容易性，棚卸に係る内部統制上の不備，製造統括部による監督機能不全に関して，N社の工場では，会計処理に関連する部分についてシステム化がされておらず，人為的な操作・加工が可能であった。これは，いずれの工場においても，類似した手口による不正が行われていることからも明らかである。マニュアル処理の比重が高いため，少なくとも，仕掛品を完成品に前倒し計上したり，架空の仕掛品または完成品を計上するといった不正は，製造課と生産管理課の担当者が関与することにより行うことが容易であった。

また実地棚卸についても，マニュアル処理の比重が高く，棚卸の際に，担当者が共謀すれば，棚札の偽造・加工や集計表への虚偽の記載が可能であったようである。つまり，実地棚卸について，全く統制がなかったとまではいえないものの，その正確性や有効性には限界があった。

さらに，本来，各工場の監督を行う上部組織である製造統括部は，工場からは物理的に離れた本社内にあった。また，生産管理は，主として月単位で行っていた。このため，各工場が，仕掛品を完成品として前倒し計上することにより，月末の生産数量が不自然に過大となっているなどといった端緒に気づくことができなかったのである。

【本件の不正の発生ポイント】

動機：数値目標とその達成に対するプレッシャー
正当化：規範意識の鈍麻，適正な財務報告に対する意識の低さ
機会：本件不適切会計処理の実行の容易性
　　　棚卸に係る内部統制上の不備
　　　製造統括部による監督機能不全

⑵ 改善のポイント

　数値目標とその達成に対するプレッシャー自体は，どの事業会社においても存在するし，必要なことである。しかし，これが不適切な会計処理につながってしまうほどの「過度な」プレッシャーであれば問題となる。

　本件では，工場において，加工中の仕掛品の完成品としての計上や材料等の架空計上などの不正な操作が行われた。その結果，Ｎ社は，過年度の決算の一部訂正を行うこととなった。

　なぜ，このような不正な会計処理が行われたのであろうか。まず，前述のとおり，工場部門において，適正な財務報告に対する意識が低かったことが，本件不適切会計処理の一因となったものと考えられる。上場会社における財務報告，すなわち投資家に対して投資判断に資する資料を提供することの社会的意義や役割について，また工場における生産数値の報告が，結果的に財務報告に重大な影響を与えることについて，適切な教育・研修を行うことが肝要である。広く公衆から資金を調達する以上，財務報告は適切に行わなければならない。このようなコンプライアンス意識の醸成は，上場会社として，全従業員に対して繰り返し行わなければならないだろう。

　また，調査報告書においても指摘されているように，たとえば，①会計規程の明確化および周知徹底，②棚卸プロセスの見直しといった，仕組みの整備も必要である。

　まず，①会計規程の明確化および周知徹底としては，経理処理の基準等が不明確であれば，その不明確さから，曖昧な処理が許容されてしまう可能性がある。このため，経理規程およびその下位のマニュアル等の整備・見直しを行い，経理処理の基準等を明確にしていく必要がある。実務的には，不明確な処理について，ある程度試行錯誤を繰り返しながら，適切な基準を整備していくことが肝要であろう。

　次に，②棚卸プロセスの見直しとしては，本件では，棚卸について，社内規程において定められていた作業手順の運用が徹底されず，また，担当部署以外

90　第2章　不正・不祥事事例

の他部署のチェックが働きにくい環境にあったようである。

　このため，各工場の棚卸実施手順書を，現実的に，棚卸作業が適正に実施されるような作業手順に見直しをすることが必要である。なお，そのうえで，棚卸作業が適正に行われているかについて，担当部署による影響を受けない，独立した内部監査において，チェックできる体制を整えることも必要であろう。

【本件における内部統制上の管理体制改善のポイント】

- 適正な財務報告に対するコンプライアンス意識の醸成
- 不正のできない環境整備
　　会計規程の明確化および周知徹底
　　棚卸プロセスの見直し

3　内部監査が機能しなかったことの問題点

　では，本件不正会計処理を，内部監査において，より早期の段階で発見できなかったのであろうか。

(1)　内部監査の状況

　調査報告書によれば，工場損益またはこれを算出するうえで重要となる生産数量等の項目について，工場外の役職員による精緻なモニタリングおよび分析ができていなかったとされ，内部監査の対象に含められていなかったようである。これは，工場において棚卸資産が過大計上され，売上原価が過少計上されるような不適切な会計処理がなされるとのリスク認識が欠けていたことが要因と思われる。

第8　工場において棚卸資産が過大計上され，売上原価が過少計上されていた事例　91

【内部監査の問題点のポイント】

> 工場における在庫の水増し等の操作に対するリスク認識の欠如

(2)　改善のポイント

　この点，本件のような，在庫の水増し等により利益を過大計上することは，会計不正の典型事例である。このような不正を想定して，各工場の生産実績，仕掛品，製品在庫および原材料の在庫状況について，内部監査を行うことは，必須であったというべきであろう。

　調査報告書にも記載されているように，必要な管理システムを導入したうえで，内部監査等によりモニタリングを実施し，監視・監査体制の強化を図ることが必要である。

　具体的には，

① 各工場の生産実績，仕掛品，製品在庫および原材料の在庫状況をシステムにより見える化し，事業本部およびコーポレート・ガバナンス部が毎月モニタリングすることで，異常値の監視体制を整備する

② 製品在庫の不定期なサンプリング監査評価を行い，抑止力を高め，監視体制の強化を図る

ことなどが挙げられる。

　また，本件においても，内部通報制度が「整備」されているにもかかわらず，複数年にわたり，会計不正が判明しなかった。これは，内部通報制度が機能していなかったといわざるをえないだろう。前述のとおり，内部通報制度は作っただけでは意味がない。制度が周知され，現実的に通報がなされる状態になって初めて，「機能した」といえるのである。このためには，内部通報制度およびその意義について，コンプライアンス研修等を繰り返し行うことにより，内

部通報制度の信頼性確保と活性化を図ることが必要である。このような実効性のある内部通報制度を整備することにより，内部監査についても実効性のあるものにしていかなければならないだろう。

【内部監査の改善のポイント】

- 必要な管理システムを導入したうえで，モニタリングを実施し，製造能力以上の数値入力を制限する等，監視・監査体制の強化を図る
- 内部通報制度の信用確保と活性化
  - → 実効性のある内部監査へ

《第 8 の事例のまとめ》

- ＊工場において棚卸資産が過大計上され，売上原価が過少計上されていた
- ＊在庫の水増し等により利益を過大計上することは，会計不正の典型事例
- ＊工場における在庫の水増し等の会計不正への対応
- ⇒ 適正な財務報告に対するコンプライアンス意識の醸成
  - 不正のできない環境整備
    - 会計規程の明確化および周知徹底
    - 棚卸プロセスの見直し
- ⇒ 必要な管理システムを導入したうえで，モニタリングを実施し，製造能力以上の数値入力を制限する等，監視・監査体制の強化を図る
- ⇒ 内部通報制度の信用確保と活性化

第3章

内部監査の具体的チェック項目および留意事項

本章では，会社の内部監査担当者が，実際に監査を行うにあたって参考になる具体的なチェック項目と留意事項について解説する。

94　第3章　内部監査の具体的チェック項目および留意事項

　各企業における，内外の経営環境，業務プロセスはさまざまであり，想定されるリスクは異なる。このため，内部監査においてチェックするべき項目も，それぞれの企業によって異なってくる。

　以下では，一般的な企業における主要なチェック項目として，主な5つの取引について，その取引の特色，内部統制上の留意事項，内部監査における留意事項について，会計監査における留意事項を参考に，具体的に述べていきたい。また，親会社における内部監査を想定して，子会社，関連会社に対するチェック項目についても，あわせて記載している。

　なお，第2章で紹介した事例について関連する項目についても，併せて記載しているので，適宜参照していただきたい。

【主要な取引】

1　出納関連取引
2　販売関連取引
3　購買関連取引
4　在庫管理
5　販売費及び一般管理費

1 出納関連取引

(1) 取引の特色

まず，「出納関連取引」を取り上げる。

第2章で紹介した，第2の事例（経理責任者が，会社の預金口座から金員を不正に繰り返し引き出して横領した事例），第3の事例（従業員が10年以上にわたり金銭を着服していた事例）は，この出納関連取引における内部統制の脆弱性が露見した事例である。

出納業務とは，「現預金の出入れを毎日記録して，帳簿上の残高と実際の現金残高が一致していることを確認する」業務，つまり現金や預金を取り扱う業務である。

現金は，価値そのものであって，即時に支払手段となるものである。また，企業活動におけるすべての取引は，現金に還元されることとなる。現金は，企業活動の出発点であり，かつ結果でもある。

現金と同様の機能を果たすものとして，「預金」がある。預金は，現金を安全に保管するため，金融機関へ預託しているものである。現金および預金は，外国通貨および外国預金の問題を除き，評価の問題は発生しないことも特徴である。

① 現 金

会計上，現金として取り扱われる項目は，即時に支払手段となるもののうち，「預金」以外のものである。具体的には，通貨（紙幣，硬貨）と通貨代用証券（他人振出小切手，送金小切手など）が該当する。

96　第3章　内部監査の具体的チェック項目および留意事項

コラム

小口現金とは？

　企業の規模が大きくなると，日常的に各部署で必要とする旅費交通費，通信費及び消耗品費等に関する支払が多数発生する。このため，このような小口の現金払について，1件ごとに支払伝票を作成して，正規の支払手続をとることは，時間と実務手続等の点で望ましくない。

　このような小口の現金払の資金に充てるため，出納担当者以外の者を小口現金係に定めて，あらかじめ現金を前渡しし，この前渡資金から支払う方法が採られることとなる。このような現金を，小口現金または小払資金という。

　小口現金制度には，小口現金担当者へ交付する前渡資金の額を一定にしておく「定額資金前渡法」（インプレストシステム）と，一定にしておかない「随時補充法」とがある。

　定額資金前渡法は，担当者に一定の小口現金を渡し，定期的にその期間の出入金について，領収書等の証憑を添付して報告を受ける。当初の小口現金から減少分だけ，現金を補充することにより，小口現金担当者は，毎週（月）初めには，必ず一定額が担当者の手元にあるようにする方法である。一般的には，定額資金前渡法が採用されることが多い。

② 預　金

　預金は，現金の保管および運用の形態であり，預金，貯金，掛金および信託が該当する。また，邦貨によるものだけではなく，外貨によるものもある。

　当座預金は，引出しの手段として，原則として小切手が用いられる。

　小切手による支払については，相手先が取立てのために銀行に提示して初めて，銀行の預金残高から引き落とされる。このため，小切手を作成交付した時点で記帳する会社の記録と，銀行における記録との間に時間差が生じることと

なる。

この時間差について、月次または期末において、「銀行勘定調整表」を作成し、その内容を把握する必要がある。

> コラム

銀行勘定調整表とは？

会社の帳簿残高と、銀行から送付されてくる当座預金の残高証明書の残高が一致しない場合に、その不一致を確認・調整するための書類を、銀行勘定調整表という。

たとえば、期末日直前に小切手を預け入れた場合など、会社と銀行の処理が当期中に行われたか、翌期に行われたかが異なれば、残高が異なる結果となってしまう。このような残高の不一致を調整するために作成するのが、銀行勘定調整表である。

(2) 内部統制上の留意事項

出納関連取引の内部統制としては、どのような点に留意しなければならないだろうか。

出納関連取引は、①収納管理、②支払管理、③残高管理に大別できる。

それぞれについて、内部統制上の主な留意点を挙げると、以下のとおりである。

① 収納管理

(i) 収納業務

まず、現預金を「収納する」、すなわち受け入れる場合の留意点である。

98 第3章 内部監査の具体的チェック項目および留意事項

　現金は，換価が不要であるうえ，持出しが容易である。このため，現金の収納業務の重要性や相対的危険性は，著しく高い。収納担当者は，収納業務のみを取り扱い，その他の業務を行わないこととして，内部けん制が十分機能するような体制を構築することが必要である。

　特に，収納業務と記帳業務を「兼務」することは，内部けん制が機能しないことにつながる。その他，支払や支払承認，請求書の発行，売掛債権・買掛債務管理等も兼務させるべきではない。このように，複数の担当者が1つの取引に関与して互いにけん制すること，いわゆる「ダブルチェック」が機能する体制を構築しなければならない。

　第2章の第2の事例（経理責任者が，会社の預金口座から金員を不正に繰り返し引き出して横領した事例）では，まさにこのダブルチェックの体制が形骸化していたことによる，内部統制上の不備を突かれたものである。

　ただし，マンパワーの問題で子会社などでは兼務せざるをえない場合もありうるだろう。このように，本来けん制し合う業務を兼務せざるをえないような状況である場合には，内部監査などのモニタリングの際には，特に注意が必要である。

(ii)　領収書の発行

　領収書は，現金等の受渡しの事実を立証する証拠資料として欠かせない。領収書の発行は，不正を防止するため，その発行控えと入金伝票を照合し，承認者の承認印等を確認し，事故を未然に防止する体制がとられている必要がある。

　また，連番管理を行い，管理簿を作成するほか，書損じの領収書については破棄するのではなく，適切に管理したうえで保管しておくことが重要である。

②　支払管理

　次に，現預金を「支払う」場合の留意点である。

(i) 現金の保有を制限

無制限に「現金」による支払を行うこととすると，必然的に多額の現金を手元に保管することが必要となる。しかし，このように多額の現預金を手元に置いておけば，日々の検査，照合業務が煩雑となり，また，結果として事故が発生する危険性が高くなる。

このため，現金による支払は，できる限り制限し，手元に保管する現金を少なくすることを検討する必要がある。

(ii) 支払手続

支払は，支払依頼部署が作成した証憑書類に基づいて行われる体制を構築することが必要である。すなわち，支払担当者は，支払伝票と原始証憑を照合したうえで承認者の承認印等を確認し，不適切に資金が社外に流出することを未然に防止する必要がある。

また，支払済の証憑書類には，二重使用を防止するため，支払済であることを明記しておく必要がある。

(iii) 領収書の受領

支払は，領収書と引換えに行われることが必要である。領収書を受け入れる場合には，領収書が正規のものであるかどうかの吟味が必要である。

具体的には，たとえば，受け取った領収書の記名押印は，あらかじめ相手方から届出のなされている領収書用印鑑の陰影等と照合することも検討するべきである。

③ 残高管理

最後に，「残高管理」における留意点である。

(i) 現金の管理方法

まず，収納した現金と支払準備のための現金を一緒に保管，管理した場合，

100 第3章 内部監査の具体的チェック項目および留意事項

たとえば現金過不足が発生した場合に，原因の追跡等が困難になる。その結果，不正，誤謬が発生しやすい。

したがって，収納する現金の経路と支払のための現金の経路を区別し，収納した現金を支払に充てることを禁じ，一旦銀行に預け入れるようにするべきである。

(ⅱ) 残高照合

前述のとおり，現金は，頻繁に取引が繰り返されることから，誤謬の発生しやすいものである。日々確実に帳簿残高と照合し，その残高を確定する必要がある。

現金に過不足が生じたときは，その原因を調査するとともに，速やかに責任者に報告し，その指示に基づいて過不足の処理を行う体制となっていることが必要である。

(ⅲ) 定期的または不定期の実査

担当者以外の者が，予告なしに，現金の手元残高を検査することによって担当者をけん制し，心理的に緊張感を与えることにより，現金の保管について業務が日々確実に行われるようにする必要がある。

(ⅳ) 当座勘定照合表

当座勘定照合表は，一般的に，証拠資料として過大な信頼が置かれる傾向がある。当座勘定照合表とは，当座預金の入出金の状況を記した帳票をいう。当座預金においては，普通預金のような通帳が存在しない。金融機関が作成する当座勘定照合表により，顧客は一定期間内の取引内容を照合することができる。

しかし，当座勘定照合表は，当座預金取引の銀行側の記録の写しであり，普通預金通帳や預金証書に比べると改ざんされやすく，証拠としての信頼性は必ずしも高くはない。

証拠としての信頼性を確保するためには，当座取引担当者以外の者が当座勘定照合表を入手し，検印等を付して，改ざんがなされないような体制を構築する必要がある。

(3) 内部監査上の留意事項

以上のような現預金における，収納管理，支払管理，残高管理の特色を前提として，現金と預金について内部監査を行うにあたり，どのような事項に留意しなければならないだろうか。

① 取引記録の信頼性

まず，現金預金に関して，収入，支出等の取引記録が正当な証憑書類によって裏づけられ，正確な記録が行われているかどうかを確かめる必要がある。

取引記録の監査にあたっては，監査対象部門の現金預金に関連する業務内容，事業の内容等を理解しておく必要がある。

現金預金の取引記録の具体的な監査上の留意事項は，以下のとおりである。

【現金預金の取引記録上の監査上の留意事項】

> (i) 入金および出金の事実が，その都度，漏れなく正確に記録されていることを確かめる
> (ii) 入金および出金に異常な取引がある場合には，その内容を把握する必要がある。このためには，以下の点に留意する
> - 証憑書類の整備は十分か
> - 取引先に不明または異常なものはないか
> - 取引実態を正しく反映して会計処理がなされているか

② 実在性および網羅性

「実在性」とは，帳簿に記録されている取引が適切な原始証憑に裏づけされて，実際に存在していることである。これに対して，「網羅性」とは，現に存在す

102 第3章 内部監査の具体的チェック項目および留意事項

る原始証憑が漏れなく，網羅的に帳簿に記録されていることをいう。

まず，現金および預金証書等については，その実在性を確認するために，「実査」または「立会」を行い，通帳記録と照合することが必要である。また，期末には，取引銀行から残高証明書を取得する必要もあろう。実査する場合の留意点については，以下の③において述べる。

実査または立会は，監査資源の効率的な利用や監査対象部門の負担を軽減するため，監査実施日を特定し，受取手形および有価証券等と同時に実施することが有効である。

なお，当座預金については，銀行側の引き落とし日が，小切手を作成，交付した時点と異なることとなる。このため，残高の妥当性を確かめるためには，「銀行勘定調整表」を入手し，残高調整手続の妥当性を検討する必要がある。銀行勘定調整表については，97頁のコラム参照。

③ 実査手続

実査とは，監査担当者が，現物を実際に確かめる手続をいう。

実査することにより，監査担当者が直接現物を確かめることから，より証拠能力の高い監査証拠を入手することができる。実査は，内部監査においても有用な監査技術であるが，監査担当者が，実際に現場に行って，現物を確認しなければならないことから，時間と手間が必要であるというデメリットがある。

実査を行う場合の一般的な留意事項を挙げると，以下のとおりである。

【実査の一般的な留意事項】

(i) 現金，預金通帳・証書，受取手形および有価証券等，換金性の高いものは同時に実査すること
(ii) 実査は，すべて監査人の管理下において行うこと
(iii) 実査は，必ず監査対象部門の責任者の立会を求めて行い，実査終了時には，実査結果を記載した調書に，実査対象物件の返却を受けた旨の受領印をもらうこと

（ⅳ）　実査は，会社の日常業務に支障を与えない時間帯に実施するように配慮すること。なお，実査中は，実査対象物の出納をできるだけ停止するよう監査対象部門に要請すること

（ⅴ）　実査は，数量の確定のほか，同一物認定，監査対象物の状況についても注意を払うこと

（ⅵ）　実査対象物の保管場所（金庫等）を視察し，簿外のものの有無についても注意を払うこと

（ⅶ）　机上を整理し，実査対象物が紛失することがないように注意すること

（ⅷ）　実査基準日の残高を確定するため，関連する締切処理手続（カット・オフ）に関する情報を入手し，後日，締切りの適正性を検証すること

（ⅸ）　実査終了後は明細表を検算し，関連帳簿との照合を実施すること

（ⅹ）　実査中に疑問が生じた事項については，その内容を調書に記録しておくこと

（ⅺ）　実査を実施できなかった事業場等については，監査対象部門の責任者から残高証明書等を入手すること

（ⅻ）　実施した手続の概要とその要約および結論を調書にまとめること。未了事項や指摘事項については，事後の監査時にその顛末を明らかにすること

このように実査とは，換金性の高い資産を，すべて監査担当者の管理下において行う手続である。

前述のとおり，実査を実施できなかった事業場等については，監査対象部門の責任者から残高証明書等を入手することで代替することができる。このような手続を，「代替手続」という。

仮に，代替手続を実施するとしても，実査を実施できなかった理由がどのようなものであるのかについて検討する必要がある。たとえば，事前に連絡し，実査を行うことについて予告していたにもかかわらず，何らかの理由で実査ができなかったという場合，それ自体が不正の兆候を示している可能性もあるから，留意が必要である。

⑷　現金の実査に関する留意事項

以上のような実査の一般的な留意事項を前提として，まず現金を実査する場

104　第3章　内部監査の具体的チェック項目および留意事項

合に特に留意すべき点は，以下のとおりである。

【現金実査の監査上の留意事項】

① 実査は，常時現金を保管している金庫のある場所で金庫に入っている状態で
実施すること。これにより，保管状況の視察ができ，簿外のものがないか，
その有無を確かめることができる
② 現金の数え方は，自らすべてを勘定する方法，一部を監査担当者が，残りを
監査対象部門の担当者が分担して勘定する方法等があるが，その時の状況に
応じて適宜選択すること
③ 紙幣について，銀行の帯封がされているものがあれば，その銀行名，日付を
メモし，銀行口座の有無その日付に見合う引出しの有無を預金出納帳，小切
手帳控（ミミ）等によって調査すること
④ 通貨以外の現金等価物（当座小切手，送金小切手，送金為替手形，預金手形，
郵便為替証書，振替貯金払出証書期限の到来した公社債の利札等）について
は，預金にしていない理由または後日における預入れの事実を確かめること
⑤ 先日付小切手，未渡小切手，仮払メモ，借用証等について，正当な勘定処理
が行われているかどうかを検証し，正当に処理されていないものについては，
適切な勧告をすること
⑥ 現金の実査と同時に，小切手用紙等の締切処理手続（カット・オフ）に関す
る情報を入手し，実査時の預金等の残高を確定すること

　現金実査の際に，監査対象部門が作成した実査直前日の金種別残高表を参考
にすることは，数え違い等を発見することができる。このため，内部監査を効
率的に行うことに資する。

(5)　預金通帳・証書の実査に関する留意事項

　次に，預金通帳・証書を実査する場合に特に留意すべき点は，以下のとおり
である。

1　出納関連取引　105

【預金通帳・証書実査の監査上の留意事項】

① 預金残高は，銀行の発行する残高証明書，通帳等によって確かめること
② 預金通帳・証書は，同一物認定が必要である。すなわち，金額のみでなく，他の事項（証書番号，満期日等）についても明細表と突合すること
③ 担保として差し入れているものについては，担保品預り証と突合するとともに，提供先の合理性，債務額の記録との関連に注意すること
④ 預り預金通帳・証書についても同時に実査すること

第2章の第2の事例（経理責任者が，会社の預金口座から金員を不正に繰り返し引き出して横領した事例），第3の事例（従業員が10年以上にわたり金銭を着服していた事例）において述べたとおり，預金残高は，銀行の発行する残高証明書，通帳等の「原本」を確認しなければならない。巧妙に改ざんされていた場合には，偽造に気づくことは難しいといわざるをえない。このため，必ず「原本」によって確かめることが必要である。

(6)　受取手形の実査に関する留意事項

　現預金の出納取引ではないが，現金や預金証書を実査する場合に，同じく金庫に保管されている受取手形も，あわせて実査することが多い。

　そこで，受取手形を実査する場合の留意点についても，ここで述べておきたい。受取手形を実査する場合に特に留意すべき点は，以下のとおりである。

【受取手形実査の監査上の留意事項】

① 実査日における未着の手形の有無を，質問等によって確かめること
② 手形枚数が多い場合には，あらかじめ，明細表の作成を監査対象部門に依頼すること。この場合，手持手形，取立依頼手形，担保差入手形，割引手形等に区分して作成しておくと便利である
③ 実査時に手持ちしていないものについては，明細表の備考欄に，割引先およ

び割引日，取立依頼先および依頼日等の記載を依頼しておくこと
④ 期末日以降受け入れた手形は，他の手形と区分しておいてもらうこと
⑤ 手形は同一物認定が必要であるので，金額のみではなく，その他の要件（手形振出人，支払期日等）についても，明細表と手形とを突合すること
⑥ 預り手形についても，同時に実査すること
⑦ 金融手形の有無について，注意を払うこと

なお，未着手形が多い場合には，実査の実施時期を再考し，現物が確認できる時期に実査を行うことも検討するべきであろう。

コラム

金融手形とは，実際の商取引の裏づけがなく，資金の融通のために振り出された手形をいう。このため，「融通手形」ともいわれる。

本来，手形が振り出される場合は，手形とは別個に，売買契約が存在して代金債務が発生しているなど，手形による決済を必要とする現実の商取引である原因関係が存在する。その場合，手形金支払の債務と代金支払の債務が並存することになるが，手形金額の支払がなされることにより，代金債務についても支払を受けたことになる。

しかし，融通手形の場合は，現実の商取引に基づく権利関係（原因関係）はない。現金を必要とする被融通者が，融通者との間で「融通契約」を結び，手形による決済を必要とする原因債務は存在しないにもかかわらず，手形を振り出す。相手方は，この手形を，手形割引等で現金化することにより，資金を融通するのである。

(7) 有価証券の実査に関する留意事項

同じく出納関連取引ではないが，金庫に保管されている場合が多いものとして，有価証券がある。有価証券を実査する場合に，特に留意すべき点は以下のとおりである。

【有価証券実査の留意事項】

① 証券および登録済通知書，払込金領収証等の証券類似物のみでなく，担保差入，保護預け等他に保管されているものの預り証についても，同時に実査をすること
② 数量が多い場合には，あらかじめ明細表の作成を，監査対象部門に依頼すること
③ 有価証券は同一物認定を必要とするので，証券番号等についても明細表と突合すること
④ 預り有価証券についても，同時に実査すること

なお，有価証券は，現預金や受取手形等とは異なり，相当期間移動が予定されていないものもある。このような場合には，実査後に封印しておくことは，次回以降の実査の効率化のために望ましい。

108 第3章 内部監査の具体的チェック項目および留意事項

2 販売関連取引

(1) 取引の特色

次に、「販売関連取引」を取り上げる。

> 第2章で紹介した第4の事例(従業員による貴金属類の商品の不正持出しおよび転売行為の事例)は、この販売関連取引における内部統制の脆弱性が露見した事例である。

販売取引に関連する勘定科目としては、売上高、売掛金、受取手形、前受金、営業預り保証金、貸倒引当金などがある。

以下、それぞれの勘定科目の特色について簡単にコメントしたい。

① 売上高

売上高は、企業の主たる営業による収益であって、経営活動の成果を表す最も重要な項目の1つである。

会計上、売上高として処理する取引は、主として以下の2つからなる。

> (i) 商品および製品等の財貨の販売によるもの
> (ii) 手数料収入および加工料収入等役務の提供によるもの

すなわち、(i)有形物(モノ)が販売される場合、(ii)無形物(サービスなど)が提供される場合が考えられる。

なお、主たる営業とは認められない取引については、営業外収益として処理されることとなる。

㋐ 売上高として計上される金額

売上高として計上される金額は、一定の期間内に確実に回収される対価である必要がある。売上高に対応して計上される資産項目は、通常の場合、売掛金、受取手形等の貨幣性資産である。

また，売上値引，売上戻り高，売上割戻し等の売上控除項目は，売上高に対応できるように，これらの発生の事実に基づき，適時に処理する必要がある。特に，期末日前後に発生する売上控除項目は，その処理の時期により，期間損益計算に影響を与えることとなる。期末日前後の取引については，特に留意しなければならない。

　なお，売上控除項目の名称であっても，その内容によっては売上控除額として処理せず，売上原価または販売費として処理することが必要な場合もある。具体的には，売上割戻しがリベートとしての性格が強い場合には，売上原価または販売費として処理することがある。

コラム

新収益認識基準とは？

　わが国においては，企業会計原則の損益計算書原則に，「売上高は実現主義の原則に従い，商品等の販売又は役務の給付によって実現したものに限る」とされているものの，収益認識に関する包括的な会計基準が開発されていなかった。

　一方，国際会計基準審議会（IASB）および米国財務会計基準審議会（FASB）は，共同して収益認識に関する包括的な会計基準の開発を行い，2014年5月に「顧客との契約から生じる収益」（IASBにおいてはIFRS第15号，FASBにおいてはTopic606）を公表した。

　これを受け，わが国においても2018年3月30日に，企業会計基準委員会より，企業会計基準第29号「収益認識に関する会計基準」（以下「収益認識基準」という）が公表された。

　収益認識基準の原則適用は，2021年4月1日以後開始する連結会計年度の期首からとなっているが，2018年4月1日以後開始する連結会計年度の期首から早期適用が可能となっている。

110　第3章　内部監査の具体的チェック項目および留意事項

収益認識基準によれば，収益は，以下の5つのステップにより認識されることとなっている。

【収益認識基準の5つのステップ】

① 契約の識別
② 履行義務の識別
③ 取引対価の決定
④ 取引対価の履行義務への配分
⑤ 履行義務の履行による収益認識

(イ) 内部売上高

同一企業内の事業所間または部門間等の内部売上高は，棚卸資産または役務の「内部的な」移動にすぎず，売上高とは認められない。

したがって，外部公表用の損益計算書の作成に際しては，売上高から内部売上高を除外するとともに，これに対応する内部仕入高を仕入高（または売上原価）から除外し，かつ，期末棚卸高に含まれている内部利益の額を除去する必要がある。

② 売掛金

売上高の計上に対応する資産項目は，通常の場合，売掛金が計上される。売掛金とは，掛け取引での商品の販売やサービスの提供に対して，後日支払われる代金債権をいう。

(ア) 売掛金の管理

売掛金は，各種営業取引における正常な期間内にその対価が回収されることとなる。このため，「流動資産」として計上される。しかし，その後における得意先の状況の変化等により，回収可能性に疑義が生じることがありうる。このため，売掛金の回収可能性については，常に注意を払うことが必要である。

売掛金が回収不能であることが確実となった場合には，「貸倒損失」として

処理しなければならない。個々の売掛金について回収可能性に疑義がある場合，または回収可能性について疑義がない場合であっても，過去の実績等から売掛金の総額について，貸倒発生額を見積り，「貸倒引当金」を設定する必要がある。貸倒引当金については，⑥で後述する。

なお，当初売掛金として計上されていたもののうち，破産債権，更生債権等となったもので1年以内に回収されないことが明らかなものは，流動資産ではなく，「投資その他の資産」に計上することとなる。

(イ) 売掛金の回収

売掛金の回収方法としては，現金，預金または受取手形の受入れによるほか，得意先に対する債務との相殺による場合も考えられる。このような売掛金の相殺は，一般的には，得意先に対する買掛金，前受金，営業預り保証金，借入金等を対象として行われることが多い。

③ 受取手形

掛け取引によって商品を販売した場合において，その代金を受領する権利（売上債権）について，手形を保有している場合には，「受取手形」勘定として処理する。

(ア) 手形の受入れ

受け入れた手形については，受入れの原因となった取引に応じて，会計処理を行い，それらの取引内容が明瞭に把握できるように記録する必要がある。

手形は要式証券であるから，受入れに際しては，その要件が充足されていることを確かめなければならない。また，手形は流通性や換金性が高い証券であるから，現物の管理は特に留意が必要である。

なお，受取手形が現物で保管されている場合には，実査がなされることが多い。その場合の留意点については，102頁，105頁参照。

コラム

要式証券とは，記載事項が法定されている有価証券をいう。法律により厳格に記載事項が定められているため，法に定められたことが記載されていなかったり，禁じられたことが記載されていたりすると，手形自体が無効になる可能性がある。

実務的に，「白地手形」と呼ばれる手形がある。手形法において，手形における絶対的記載事項として手形要件が定められているが，白地手形とは，一部の記載要件の欠けた手形である。

手形法上，絶対的記載事項の記載を欠く手形は無効であり，手形上の権利は発生しないとされている（手形法2条，76条）。しかし，手形発行の原因となる取引において，支払時期などを後日確定する場合においても，手形を振り出すことも必要であるといった実務的な要請もある。このような実務上の要請から，商慣習上認められているのが，白地手形である。ただし，白地の補充をめぐって，後々トラブルになる可能性もあるため，受入れに際しては十分に留意が必要である。

(イ) 手形の払出し

受け取った手形を「払い出す」場合としては，たとえば，以下のような場合がある。

- ✓ 取立依頼
- ✓ 割引
- ✓ 裏書譲渡
- ✓ 担保差入
- ✓ 書替手形の受入れによる返却
- ✓ 期日前の返却
- ✓ 不渡手形の発生

2 販売関連取引 113

✓ 支払人による買戻し

払い出した手形については，その払出しの原因となった取引に応じて，会計処理を行い，それらの取引内容が明瞭に把握できるように記録することが必要である。具体的には，割引，裏書譲渡が行われた場合などには，「割引手形」，「裏書手形」といった勘定科目を用い，事実に即した記録がなされる必要がある。

(ウ) 受取手形の管理

受取手形（割引手形および裏書譲渡手形を含む）についても，売掛金と同様に，その回収可能性について十分に検討し，必要に応じて，貸倒損失処理または貸倒引当金を設定しなければならない。

また，不渡手形となり，1年以内に回収されないことが明らかなものは，売掛金の場合と同様に，「投資その他の資産」として計上することとなる。

④ 前受金

前受金は，通常，受注品または受注工事等の手付金または代金前払分として受け入れるものである。継続して行われる売買取引においては，売買代金の充当額として，前もって概算額を受け入れる場合もある。このような場合にも，前受金勘定で処理される。

前受金は，その後，対応する財貨の引渡しまたは役務の提供によって計上されることとなる，売上高の対価に充当される。

⑤ 営業預り保証金

営業預り保証金とは，売上債権の保全あるいは受注販売の保証等のために，得意先から受け入れた金銭である。

契約書等により保証金額，支払方法，返済または精算方法等が定められており，一定の条件を満たすことにより，返済されるか，売上代金と相殺されることとなる。

114　第3章　内部監査の具体的チェック項目および留意事項

⑥　貸倒引当金

貸倒引当金は，売掛金，受取手形（割引手形および裏書譲渡手形を含む），未収入金および貸付金等の営業債権および営業取引以外の債権について，その貸倒見積額をいう。貸倒引当金の計上にあたっては，これらの債権の回収可能性を検討し，合理的かつ客観的な基準に従って算出したうえで，費用または損失として計上する必要がある。

●貸倒引当金の算出方法

貸倒見積高の算出方法には，個別的に算出する方法，過去の経験率により算出する方法，税法に定める基準による方法がある。これらのうち，一定の方法を採用して，継続的に適用する必要がある。

また，回収可能性に疑義のある得意先の有無を調査のうえ，貸倒引当金繰入額が不足していないかどうかを確かめることが必要となる。

⑵　内部統制上の留意事項

販売関連取引は，一般的に，以下のようなプロセスを経る。

【販売関連取引のプロセス】

与信管理　→　受注（契約）　→　（売上計上）　→　代金請求　→　決済（回収）

したがって，販売関連取引に関する内部統制は，

① 受注，代金請求および回収など販売取引に関する職務分担制度
② 売掛金など販売取引に伴って生ずる資産及び負債の管理・保全制度
③ 販売に関する取引について会計記録の正確性と信頼性を確保するための会計管理制度

などが該当する。

すなわち，「販売関連取引」の内部統制とは，

(i)　与信管理
(ii)　受注
(iii)　売上計上
(iv)　代金請求
(v)　決済（回収）
(vi)　債権残高管理
(vii)　会計処理

に関する，業務運営上の組織に係る体制をいう。

　なお，受注し，売上が計上されるためには，商品が「出荷」されることが必要となる。「出荷」については，151頁参照。

■一般的事項

(ア)　処理手続および承認規程の整備

　販売管理においては，まず，取扱品目，価格および数量に関する政策，販売経路等について販売の基本方針を設定し，それに基づいて予算の設定および統制を運用することが必要である。また品目別，販路別等の採算状況を管理することも必要である。

　またいずれの取引にも不可欠なことではあるが，販売手続および債権管理など販売関連取引に関する事項についても，その処理手続や承認規程等を作成しなければならない。

(イ)　内部けん制の体制の整備

　販売取引は，企業における主たる営業活動であるから，多額の債権が発生する。債権の発生およびその回収について管理することが重要であることはもちろん，相対的危険性も高い。

　このため，販売取引に関する各業務が同一人の支配下におかれることなく，職務権限が分掌され，内部けん制が十分機能しうるような体制とする必要がある。特に，マンパワーが不足しがちな子会社等では，内部けん制が機能してい

116 第3章 内部監査の具体的チェック項目および留意事項

るかについて，留意が必要である。

(ウ) 販売諸条件の基準設定

販売に関する諸条件について，あらかじめ基準を設定しておくことにより，不利な取引を回避することができ，効率的な業務の運営が可能となる。のみならず，基準以外の条件による販売が防止されることにより，不正，誤謬の予防につながる。

したがって，販売に関する諸条件を，極力あらかじめ設定し，得意先と基本契約書のような形で文書化することが有効である。

なお，例外的な条件が採用される場合には，必ず事前に所定の責任者の承認を受ける体制とすることが必要である。このような例外的な取引に，不正の芽が潜んでいる場合もあるから，留意しなければならない。

■与信管理

●信用調査（与信管理）

得意先の信用状態の調査は，債権の代金回収を確保するための手段の1つである。信用調査では，①新規の限度額設定と②その評価見直しを継続的に行うことが必要である。

信用状態の調査にあたっては，財務データ等の定量的な分析のほか，個別に訪問を行う等による定性的な分析の，両面から行うことが有用である。可能であれば，信用調査部署を設けることを検討するべきであろう。

また，信用調査を実効性のあるものとするためには，その担当部署を，販売部署，金銭出納部署および会計記帳部署から独立させることが必要となる。信用調査部署による調査の依頼手続および調査報告の方法等，調査に関する諸手続が整備されていることも必要である。

なお，信用不安等が生じた得意先に対しては，直ちに債権保全に関する措置を講じなければならない。

■受　注

●受注管理

　受注管理は，得意先との契約条件を確実に履行するために，的確に行われなければならない。このため，受注に関する文書および帳簿が漏れなく入手または作成され，日付順や得意先別などが，秩序整然と記録・保管されていなければならない。

　受注にあたっては，職務権限規程を整備のうえ，すべて所定の責任者の承認を受ける必要がある。責任者は，受注の条件が，販売に関する基準に適合しているかどうかについて検討のうえ承認を与える，という承認の体系を構築することが必要である。

> 　たとえば，第2章の第4の事例（従業員による貴金属類の商品の不正持出しおよび転売行為の事例）は，実施したワールドジュエリー＆ウォッチフェアにおいて，適正に顧客へ販売したように装って伝票処理を行い，商品を店外に持ち出し，他に転売するなどの不正行為が行われた。さらに，従業員に通常の店舗販売では認められていない「商品の持出しによる掛売販売」を認め，商品管理および与信管理について，通常の店舗販売と比較し緩和された取扱いがなされていたことから，伝票の整合性のチェックを中心とする通常の経理処理手続をすり抜けられてしまった事例である。

■売上計上

㋐　売上伝票の起票

　売上高は，原則として，出荷を基準として計上される。売上計上基準としては，出荷の段階に応じていくつかのものが考えられるが，いずれの基準を採用するにせよ，会社の採用する売上計上基準の基礎となる資料により，正しく売上伝票を起票する必要がある。

　起票された売上伝票については，一般的には，起票部署以外の部署においてその内容（数量，単価，計算，販売条件等）を確かめたうえで，得意先元帳記帳を担当する部署へ回付する。

コラム

売上計上基準としては，①出荷基準，②引渡基準，③検収基準，などがある。

まず，①出荷基準とは，商品を出荷したという事実をもって，売上を計上する方法である。

次に，②引渡基準とは，相手先へ商品を引き渡したという事実をもって，売上を計上する方法である。

さらに，③検収基準とは，相手先へ納品された商品等の数量や品質などが検収されたという事実をもって，売上を計上する方法である。

いずれの方法を採用するかについては，各社の判断であるが，恣意的な運用ではなく，継続的に適用することが必要である。内部監査においては，サンプルチェックを行うことにより，客観的な事実と売上計上が一致しているか，基準が適切に遵守されているかを確認することも重要である。

なお，わが国における「収益認識に関する会計基準」については，109頁のコラムを参照。

(イ) 返品処理

返品を受けた場合には，計上された売上が適切に取り消されなければならない。売上の返品において，引取価格が当初の売上価格と異なる場合には，所定の責任者の承認が必要である。

返品入庫伝票は，販売担当部署へ回付し，販売担当部署はこれに基づいて売上返品伝票を起票し，売上伝票同様に，その内容のチェックが行われることが必要である。

㈡　期末の締切処理

適切な期間損益計算のために，期末の締切処理は重要である。期末決算にあたって，期間損益を正確に把握するために，出荷の締切りおよび返品処理について，会計部署からの文書による通達等により，厳格に処理するよう徹底を図る必要がある。

■代金請求

㈦　請求書の発行

商品・製品等が出荷され，売上高として計上されたものに関して，代金の請求が適切に行われなければならない。そのために，売上高に計上された取引内容について，納品伝票等がすべて請求書発行部署に回付され，得意先に請求書が確実に送付される体制となっていることが必要である。また，請求書発行部署は，得意先元帳記帳担当者および販売担当部署から独立していなければならない。

なお，作成された請求書は，得意先に送付される前に，作成者以外の者により，その内容が検証される必要がある。

請求書発行に伴う不正を防止するために，請求書には，あらかじめ一連番号を付しておき，所定の責任者の管理下におく必要がある。このような連番管理は，内部統制上有効な手法である。

㈦　入金が遅延する場合

相手先からの入金が遅延する場合には，再請求を行う必要がある。このような場合に備えて，再請求の時期等に関する規程を作成しておくことが必要である。

なお，請求書の発行と売上計上が連動して処理される仕組みとなっている場合には，売上の二重計上がされるおそれがあるので，その予防措置を講ずる必要がある。

120　第3章　内部監査の具体的チェック項目および留意事項

■決済（回収）

㋐ 代金回収

売上債権の回収に際しては，換金性の高い資産が取り扱われることがある。

このため，売上債権の回収手続に関して，代金回収に伴う不正を防止するため，内部けん制制度を確立することが必要である。回収担当者は，兼務等することにより不正発生の余地のある業務を取り扱わない，といった体制を構築しなければならない。

集金専門の担当者を置く場合には，入金に伴う事故を防止するために，集金人としての適格性を，十分に調査しておくことが必要である。さらに，代金回収に伴って事故が起きた場合の補償制度を検討する必要もある。

㋑ 領収書の発行

前もって作成された領収書を集金担当者に渡している場合には，その悪用を避けるために，未入金（未使用）の領収書は，その日のうちに発行部署へ返還させる必要がある。

さらに領収書を厳重に管理するために，領収書控に，支払人から支払証明印の押印を求める方法もある。

入金に関する事故防止のためには，仮領収書は原則として発行すべきではない。仮領収書を発行する必要がある場合には，本領収書と同様に，厳重な管理をすることが必要である。また，本領収書を発行した後において，仮領収書については，二重に領収書として使用されることがないよう，適切な措置を講じておく必要もある。

㋒ 相殺による回収

売上債権が，支払債務との相殺により回収されることがある。

このような相殺による回収については，担当者に委ねることなく，責任者の承認を受ける必要がある。また，相殺の事実を双方で確認するために，領収書を発行することも必要である。

■債権残高管理

(i) 一般的事項

(ア) 債権管理

得意先元帳の記帳の正確性や得意先元帳に係る不正防止のために，記帳担当者以外の者により，得意先元帳と総勘定元帳とを毎月照合する体制を構築する必要がある。

売掛金の正確な残高を把握するためには，定期的に，記帳担当者以外の者により，得意先に対し「残高確認」を実施する必要がある。なお，残高確認とは別に，月次の請求書において，未入金の残高を示すことによって，得意先との間で残高の照合をすることも可能である。

(イ) 債権管理資料

債権管理資料として，売掛金残高の発生時期別の明細表（年齢調表）を定期的に作成する必要がある。また，年齢調表を信頼性のあるものにするために，所定の責任者の検閲承認を受けることとする必要もある。

年齢調表等により，一定の基準を超えている滞留売掛金や，得意先に対する残高照合の結果，先方の残高との間に不一致があり調整できない債権などについては，直ちにそれらの原因を究明し，所定の責任者に報告し，適切な処置を講じる必要がある。

(ウ) 回収以外による売掛金の減少

前述のとおり，売上債権が，支払債務との相殺により回収されることがある。このような回収以外による売掛金の減少高については，不正誤謬の防止および財産保全のため，適切な管理体制を整備することが必要である。

(エ) 人事ローテーション

多くの管理業務に共通することであるが，特に，得意先元帳記帳担当者が長期にわたって同一得意先を担当すると，不正または誤謬の発生の可能性が高くなり，また，不正または誤謬が発生した場合でも長期間発覚しないおそれがあるので，一定期間を定め交替させることが必要である。

122　第3章　内部監査の具体的チェック項目および留意事項

(オ)　貸倒償却

貸倒償却を装うことにより，そもそも架空であった売掛債権を，帳簿上抹消することも可能となる。このように，貸倒償却は，不正または誤謬の隠ぺいを伴うおそれがあるので，必ず所定の責任者の承認を受けることとしなければならない。

償却済の債権であっても，その後の相手先の状況の変化に応じて，場合によっては請求する，破産手続などが開始された場合には債権届出をするなどの処理を講ずる必要もあるので，管理台帳により適切に管理しておくことも必要である。

(カ)　得意先の管理

得意先については，住所，代表者名，主要取引先，取扱品目，年商，資本金等の財務状況，信用調査機関の報告の概要信用限度額等を記載した，得意先管理カードを作成し，定期的に，この管理カードの更新を行う必要がある。

また，得意先に異常事態が発生したときの債権の保全措置，顧問弁護士との連絡など，適切な処置が迅速に実施できる体制を整備しておく必要がある。

(キ)　売掛金の貸方残高が生じる場合

売掛金の貸方残高は，過剰入金，売上計上漏れ等の原因によって生ずることとなるが，これはイレギュラーな事態である。その原因を適時に調査し，必要な処置を講じる必要がある。

(ii)　受取手形の管理手続

(ア)　手形の収受の場合の処理

受取手形は流通性が高く危険性を伴うものである。したがって，収受する場合には，すべて必ず所定の責任者の承認が必要である。

手形を収受したときには，白地手形など，手形要件を具備していないものがないかどうかを確認し，必要に応じて適切な処理が必要である。不正誤謬を防止するために，内部けん制として，現物の保管と記帳業務を分離する必要がある。

受取手形記入帳（または受取手形管理帳）は，現物の動きに即して記録されるべきものであり，その残高と総勘定元帳上の受取手形勘定残高は一致しているはずである。したがって，両者を定期的に照合して，記録の正確性を確かめる必要がある。この照合は，受取手形記入帳上の受取手形の残高の実在性を確かめるために，保管担当者以外の者によって実施する必要がある。

(イ) 手形の管理と実査

受取手形の保有形態別（裏書譲渡手形および割引手形を含む）の内容を把握し，適切に管理することが必要である。

受取手形の残高の実在性を確かめるために，保管担当者および記帳担当者以外の者によって，定期的に手持分を実査し，外部預け分については，残高確認を実施する必要がある。

(ウ) 得意先の管理

受取手形の振出先に，何らかの異常事態が発生した場合には，直ちにその旨を所定の責任者に報告し，債権保全のための必要な措置を講じなければならない。受取手形は，仮に送付する場合には，書留または保険の設定等，必要な措置を講じておく必要がある。

償却済の受取手形は，売掛金と同様，その後の先方の状況の変化に応じて，措置を講ずる必要がある場合があるので，管理台帳により適切に把握する必要がある。

(iii) 前受金の管理手続

前受金を伴う取引については，得意先と取引内容を確認するために契約書等を交わすとともに，前受金の状況が明確に把握できるような管理台帳を作成しておくことが必要である。

この管理台帳には，入金約定日，納期等を記載し実際入金額および対応する売上額と照合し，前受金について適切に管理する必要がある。

また，得意先元帳と同様に，前受金記帳担当者と出納担当者とは，独立していなければならない。

124　第3章　内部監査の具体的チェック項目および留意事項

　前受金は，これに対応する売上高を計上することにより精算しなければならない。このためには，前受金の内容を十分に把握しておく必要がある。

　前受金残高の妥当性を確かめるための方法としては，当該管理台帳の記載内容（入金および納品の予定時期等）を検証するとともに，先方に残高確認を実施することが有効である。

(3)　内部監査上の留意事項

　以上のような，販売取引により生じる各勘定科目について，内部監査を行うにあたり，どのような事項に留意しなければならないだろうか。

　一般的な留意事項を挙げると，以下のとおりである。

①　売上高

　売上高の監査の目的は，売上高が，事実に基づき，実現主義の原則に従って，適正に処理されていることを確かめることである。

　売上高の監査実施上の留意事項は，以下のとおりである。

【売上高の監査上の留意事項】

> (i)　販売取引に関する内部統制が十分に整備・運用されていることを調査し，売上高の取引記録の信頼性を確かめること。特に上長による承認手続が，適切に実施されていることを確かめること
>
> (ii)　同一事実，取引に対し，同一の売上計上基準が，継続的に適用されていることを確かめること
>
> (iii)　返品，値引，割戻し等の売上控除項目が，所定の手続に従って適正に処理されていることを確かめること
>
> (iv)　売上高および売上控除項目に算入してはならない項目が混入していないことを確かめること
>
> (v)　以下を実施し，期末日前後の取引の期間帰属の妥当性を確かめること
>
> 　(ア)　売上高および売上控除項目の期末締切処理手続（カット・オフ）が，適正に行われていることを確かめること

2　販売関連取引　125

- (イ)　期末日直前の売上で，翌期首に売上戻りとなるような，実質的に当期の売上とは認められない取引がないことを確かめること
- (ウ)　未出荷売上が，実現主義に基づく売上として認められるかどうかを確かめること
- (エ)　特殊な売上計上基準による売上高が，適正に処理されていることを確かめること

　なお，前記(ア)(イ)については，関係会社との間の取引について，特に留意することが必要である。

- (vi)　内部売上高控除および内部利益の除去に関する期末処理の妥当性を確かめること

　以上のように，売上高が，適切な時点で，適切に計上されているかを確かめることが必要である。特に，期末日前後に，自社工場内にとどまっているなど，出荷の事実がないにもかかわらず，売上に計上されているなど，期間損益計算をゆがめていることがないかを確認する必要がある。

②　売掛金

　売掛金の監査の目的は，売掛金の実在性，網羅性および回収可能性を確かめることである。

　売掛金の監査実施上の留意事項は，以下のとおりである。

【売掛金の監査上の留意事項】

- (i)　会社独自に得意先に残高確認手続を実施している場合，当該手続が適切に実施されているかを確かめること
- (ii)　売掛金に関する内部統制が，十分に整備・運用されていることを確かめることにより，販売に関する取引記録の信頼性を確かめること
- (iii)　売上値引，売上戻り高，売上割戻し，販売手数料等回収以外の減少高に関する処理手続および会計処理の妥当性を確かめること
- (iv)　売掛金の回収可能性を検討するために，以下を実施する

126　第3章　内部監査の具体的チェック項目および留意事項

　(ア)　得意先の信用状態を確かめること
　(イ)　年齢調べ等により回収状況を確かめること
(v)　貸倒処理が正当な手続を経て適正に処理されていることを確かめること。また，償却済債権が適切に管理されていることを確かめること
(vi)　売掛金に算入してはならない項目が混入していないことを確かめること

　架空売上が計上されている場合には，売掛金が過大になっている可能性がある。このような場合には，年齢調べ等により，回収状況を確かめることが有効である。

　この点，第2章の第4の事例（従業員による貴金属類の商品の不正持出しおよび転売行為の事例）で述べたように，伝票の整合性のチェックを中心とする通常の経理処理手続では，適正に顧客へ販売したように装って伝票処理されることにより，容易にチェックをすり抜けられてしまうリスクがある。このため，営業部門とは独立した，内部監査部門によって，リスクを適切に把握しながらチェックする体制を構築することが有用である。

③　受取手形

　受取手形の監査の目的は，受取手形の実在性，網羅性および回収可能性を確かめることである。
　受取手形の監査実施上の留意事項は，以下のとおりである。

【受取手形の監査上の留意事項】

(i)　会社独自に残高確認手続を実施している場合，当該手続が適切に実施されているかを確かめること
(ii)　実在性を確かめるために，実査すること
(iii)　受取手形の受入れ，払出しおよび決済に関する内部統制が整備，運用されており，特に現物の管理が適切に行われていることを確かめること
(iv)　受け入れた手形について，営業債権の回収，設備の売却，金融手形等その取

引内容に応じて，適正に処理されていることを確かめること
(ⅴ) 払い出した手形について，取立依頼，割引，裏書譲渡，担保差入等その取引内容に応じて適正に処理されていることを確かめること
(ⅵ) 受取手形の回収可能性を検討するために，
(ア) 手形債務者の信用状態を確かめること
(イ) 書換等異常な手形取引の有無を確かめること
(ⅶ) 不渡手形の貸倒処理が正当な手続を経て適切に行われていることを確かめること。また，償却済手形が適切に管理されていることを確かめること

なお，受取手形の実査は，現金や預金証書の実査と同時に行われることが多い。受取手形の実査の留意点については，102頁，105頁参照。

④　前受金
前受金の監査の目的は，前受金として計上すべき取引の網羅性，および計上金額の妥当性を確かめることである。
前受金の監査実施上の留意事項は，以下のとおりである。

【前受金の監査上の留意事項】

(ⅰ) 前受金に関する契約書および管理台帳等により，前受金が漏れなく計上されていることを確かめること
(ⅱ) 対応する売上高の計上により，これに対応する前受金の精算に関する処理が適正に行われていることを確かめること
(ⅲ) 借方残高，長期滞留残高および係争中の前受金など，異常な残高の有無を確かめること
(ⅳ) 前受金に算入してはならない項目が混入していないことを確かめること
(ⅴ) 期末日前後の取引について，期間帰属の妥当性を確かめること

128　第3章　内部監査の具体的チェック項目および留意事項

⑤　営業保証預り金

　営業保証預り金の監査の目的は，契約に基づき当該保証金が漏れなく入金処理され，かつ，これらが正しく計上されていることを確かめることである。

　営業保証預り金の監査実施上の留意事項は，以下のとおりである。

【営業保証預り金の監査上の留意事項】

> （i）　契約書および管理台帳等により，営業保証預り金が漏れなく計上処理されていることを確かめること
>
> （ii）　有価証券，預金証，株券等現金以外のものを営業保証として預っている場合には，それが適正に会計処理および管理されていることを確かめること
>
> （iii）　営業保証預り金に対応する支払利息が漏れなく計上されていることを確かめること

⑥　貸倒引当金

　貸倒引当金の監査の目的は，算定基準の妥当性とその適用の継続性を確かめ，かつ，期末残高が債権の回収可能性を勘案して妥当かどうかを検討することである。

　貸倒引当金の監査実施上の留意事項は，以下のとおりである。

【貸倒引当金の監査上の留意事項】

> （i）　貸倒引当金の設定の対象となる債権の範囲を確かめること
>
> （ii）　会社の採用している算定基準の妥当性および継続性を確かめること
>
> （iii）　債権の回収可能性を検討し，引当額の妥当性を検討すること。特に税法基準によっている場合は，引当額の十分性を検討すること

3 購買関連取引

(1) 取引の特色

次に,「購買関連取引」を取り上げる。

> 第2章で紹介した第5の事例(元従業員が不正に商品を受領し,換金横領した事案)は,「購買」取引における内部統制の脆弱性が露見した事例である。

購買取引に関連する勘定科目としては,仕入高,買掛金,支払手形,前渡金,差入営業保証金などがある。

以下,それぞれの特色について,簡単にコメントしたい。

① 仕入高

仕入高は,企業の営業目的にかかわる,商品または製品製造用の原材料等の購入代金である。売上高とともに,主たる経営活動を示す勘定科目である。

会計上,仕入高として処理する取引は,商品または原材料等の仕入れによるものである。ほかに,外注加工などの役務の提供の受入れも,購買業務の一環として処理されていることが多いため,ここでは仕入高に含めて説明する。

(i) 仕入高の計上時期

購買関連取引の過程は,おおむね以下の段階からなる。

【購買関連取引の過程】

> 発注 → 財貨または役務の受入れ(検収) → (仕入計上) → 対価の支払

前記の段階のうち,仕入高の計上時期は,原則として,「財貨または役務の受入れ」のタイミングである。

130　第3章　内部監査の具体的チェック項目および留意事項

　なお，財貨または役務の受入れの具体的な態様は，個々の企業によって異なる。その態様に対応して，仕入先発送基準，到着基準，検収基準等が採用されることとなる。

　仕入高の計上基準は，企業の状況等に応じて，最も適合するものを継続的に採用する必要がある。たとえば，検収基準を採用する場合であっても，検収方法（全部検収，部分検収），検収場所（仕入先倉庫，自社倉庫，営業倉庫等）の違いにより，仕入計上時期も一様でなく，また，すべての棚卸資産について，必ずしも同一の基準を適用する必要はない。仕入高の計上基準は，棚卸資産の種類や，仕入先別等により異なることもありえる。したがって，仕入高の計上基準は，企業の状況等に応じてこれに適合するものを，継続的に採用する必要がある。

(ii)　仕入高の計上金額

　仕入高に計上される金額は，仕入計上基準に基づき，財貨または役務の受入れがあったものでなければならない。また，仕入高に対応して計上される負債は，通常の場合，買掛金，支払手形などである。

(iii)　仕入控除項目の処理

　仕入値引，戻し高，割戻し等の仕入控除項目は，これらの発生の事実に基づき，適時に処理しなければならない。

　特に，期末日前後に発生する仕入控除項目は，その処理の時期により，期間損益計算に影響を与えるものであることにも留意する必要がある。

②　買掛金

　仕入高の計上に対応して，買掛金が計上されることが多い。買掛金とは，商品・原材料などの仕入れなど，通常の営業取引から発生した債務をいう。

　買掛金は，支払条件に基づき，一定の期間内に支払が行われる。しかし，長期間にわたって滞留しているものがある場合には，仕入高計上の際の誤謬，ま

たは仕入控除項目の処理の遅延などによることもありえるので，留意する必要
がある。

買掛金の支払方法としては，現金・預金または支払手形によるほか，仕入先
に対する債権との相殺による場合もある。買掛金の相殺は，仕入先に対する売
掛金のほか，外注先に対する有償支給材の未収入金，前渡金および仕入割戻し
等を対象として行われる。

③　支払手形

支払手形とは，掛け取引によって商品等を購入した場合に，その仕入債務に
対して振り出した手形をいう。

振り出した手形については，振出しの原因となった取引に応じて会計処理を
行い，それらの取引が明瞭に把握できるように記録しなければならない。前述
のとおり，手形は流通性が高いため，現金・預金と同様に，不正・誤謬が発生
しやすいことに留意が必要である。

支払手形は，原則として，支払期日に当座預金により決済されることとなる。
このため，資金準備に万全の配慮を払うとともに，決済された場合には，会計
処理が適切に行われるようにする必要がある。

④　前渡金

前渡金とは，商品や原材料などを購入する前に支払う，一時的な手付金のこ
とをいう。

前渡金は，仕入先に対して，発注品等の手付金や代金前払分として支払うも
のである。継続して行われる売買取引においては，売買代金に充当するため，
前もって，概算額を前渡金として支払うこともある。

前渡金は，これに対応する財貨または役務提供の受入れがあったとき，買掛
金に充当されることとなる。したがって，前渡金については，(ⅰ)前渡金として
支払った時，(ⅱ)これに対応する仕入れが行われたときに，それぞれ会計処理が
なされる必要がある。

132 第3章 内部監査の具体的チェック項目および留意事項

⑤ 差入営業保証金

差入営業保証金とは，取引を開始するに際して，担保として差し入れる保証金等をいう。

差入営業保証金は，仕入先に対してその債権を保全するため，あるいは仕入先が行う受注販売の保証金として支払われるものである。取引基本契約書等において，保証金額，支払方法，返済または精算方法等について定められていることが一般的である。

一定の条件を満たすことにより，差し入れた保証金は，①返済されるか，②仕入代金と相殺されることとなる。その事実に基づき，会計処理が行われることが必要である。

(2) 内部統制上の留意事項

前述のとおり，購買取引は，①発注 → ②財貨または役務の受入れ（検収）→ ③仕入計上 → ④対価の支払のプロセスをたどる。

このため，購買取引に関する内部統制は，

(i) 発注，検収，支払など，購買取引に関する職務分担制度
(ii) 買掛金，支払手形，前渡金など，購買取引に伴って生ずる債務および資産の管理
(iii) 購買に関する取引について会計記録の正確性，信頼性を確保するための会計管理制度

などが該当する。

したがって，購買取引の内部統制とは，

(a) 発注
(b) 財貨または役務の受入れ（検収）
(c) 仕入計上
(d) 支払

(e) 債務の管理
(f) 会計処理

等に関する，業務運営上の体制をいう。

■一般的事項

(ア) 処理手続および承認規程の整備

購買管理においても，取扱品目，価格および数量に関する政策，購買時期，決済方法等についての基本方針を設定し，これに基づき予算の設定および統制を運用することが必要である。

また，購買手続および債務の管理など，購買関連取引に関する事項についても，処理手続および承認規程等を作成する必要がある。

購買取引は，販売取引とともに，主たる営業活動として，多額の債務の発生およびその支払を伴うものである。重要性，相対的危険性はともに高いので，購買取引に関する各業務が同一人の支配下におかれることなく，職務権限が分掌され，内部けん制が十分機能しうるような体制を構築しなければならない。

(イ) 購買諸条件の基準設定

購買に関する諸条件についてあらかじめ基準を設定することは，不正誤謬を回避し，かつ，効率的な業務の運営に有効である。これらの基準は，仕入先，製品構成の変化等に伴って定期的に見直しが必要であるが，その際には権限者による承認手続が必要である。

一般的に，例外的な取引や特殊な条件による取引は，不正・誤謬が発生しやすい。原則として，すべての取引について，事前に所定の責任者の承認を受けることが必要である。

■発　注

物品の発注は，一般的には，購買部門によって行われる。そのもととなる購入注文は，購買部門以外の製造部門等の現場，または倉庫部門の発行した購入

134　第3章　内部監査の具体的チェック項目および留意事項

依頼書等の文書に基づいてなされることが必要である。

　(i)常備品の購入に関しては，倉庫担当者が，(ii)常備品でない修繕材料等は，必要とする部門の担当者が，それぞれ購入依頼書等を作成し発行する。その後，それぞれ担当部門責任者の承認を受けることが必要である。購買担当者は，文書により，責任者の承認を得る必要がある。

　第2章の第5の事例（元従業員が不正に商品を受領し，換金横領した事案）は，この「製造依頼書」という文書が発行されない限り，発注を行ってはならないという事実上のルールが存在したにもかかわらず，実際は，営業担当者の裁量のみで，発注が完結できる仕組みになっていた内部統制上の不備を突かれた事例である。取引上の必要性から例外的に文書による承認がなされずに発注処理がなされた場合であっても，少なくとも「事後的」には，文書により確認がなされなければならない。

㋐　稟議決裁

　一定額以上の物品の購入は，稟議決裁されるのが一般的である。しかし，その添付資料として，2社以上の見積書を取ること（いわゆる相見積り）は，稟議の際の参考資料となるが，適正な購入価額の維持および不正防止のために有効な措置でもある。

　また，入札や競争見積りによって発注先が選定されず，特定の一業者を指名して発注する場合がある。これを特命発注という。特命発注の場合は，前記の相見積りがないため，稟議決裁の際に，その理由の合理性について十分に留意する必要がある。

㋑　発注管理

　発注管理は，効率的な購買取引を行うために，的確に実行されなければならない。このため，発注に関する文書および帳簿を漏れなく作成し，日付順または仕入先別等により，秩序整然と記録保管することが必要である。

㋒　外注先への発注

　外注先に直接送付するように，発注がなされることもある。このような場合，

外注先の資金，技術，生産および管理能力等を勘案して，有償支給か無償支給かが決定されることとなる。有償支給とするか無償支給とするかの決定，および有償支給の場合の単価の決定に関する手続を明確に定め，担当者の独断で決定されるようなことがあってはならない。

外注先への材料支給伝票は，注文書とともに外注管理の基礎となるものであるから，事後のフォローと発注管理を効果的に行うため，一連番号のあるものを使用する必要がある。

外注先から物品受領書を入手することは，事後のトラブル発生を防ぐこととなる。このため，物品受領書は必ず入手し，秩序整然と保管しておかなければならない。外注受払台帳は，納品，発注残，支給材料の受払残高等について，外注先を管理するために必要不可欠である。

■財貨または役務の受入れ（検収）

㋐　検収部署の明確化

受入検収部署を明確にすることにより，物品の受入れを正確に行い，かつ，受入検収事務の効率化を図ることができる。

㋑　検収報告書との照合

(ⅰ)会計担当者が請求書等と検収報告書控とを照合すること，(ⅱ)購買担当者が注文台帳・注文書控と検収報告書控とを照合することは，内部けん制上有効な手段である。

このような検収制度が不備の場合は，受入数量の誤差等の原因となり，生産活動にも支障を来すほか，不正が発生する「機会」を生じさせることとなる。あらかじめ検収規程を定め，これに基づいて検収手続を行う必要がある。

> 検収は，適切に現物が確認されたことを示すものであり，検収印はそれを示す証跡である。第2章の第5の事例（元従業員が不正に商品を受領し，換金横領した事例）は，現実には現物確認がなされていないにもかかわらず検収印が押され，検収がなされたことになっていたという，内部統制上の不備が突かれた事例である。

136 第3章 内部監査の具体的チェック項目および留意事項

(ウ) 返品処理

検収不良等による返品は，担当者の独断で行われることを防ぐため，所定の責任者の承認が必要である。

返品処理が関連部署に連絡される制度は，内部けん制上必要であるとともに，仕入先との間における債務の差異発生や過払を防止することとなる。返品に伴う損失の発生を防止するために，返品単価が，検収担当者の独断で決定されることがないようすることが必要である。

(エ) 区分保管

受け入れたモノの区分保管は，実地棚卸において，資産残高を正確に算定するために特に重要である。また，仕入先との間のトラブル発生の防止にも役立つこととなる。

仕入先との間のトラブル発生の原因を排除し，事後のフォローを容易にするため，必ず物品受領書を入手し，秩序整然と保管することが必要である。

棚卸資産受払記録への速やかな記帳は，発注管理および資産の保全のためにも必要である。

(オ) 外注先への支給

外注受払台帳は，外注管理の基礎となるものであり，無償支給材料の数量管理も当該台帳で実施される。なお，支給した資材のうち長期間未納なもの，異常な仕損じのあるものについては，材料の横流しや不良在庫が生じやすいので注意を要する。

外注先とは，必ず取引基本契約書を締結し，仕損じの処理，保険料の負担，ペナルティー等を明らかにしておく必要がある。

検収制度の効率化を図るためには，検収に関する記録および書類を，漏れなく入手または作成し，日付順または仕入先別等により，秩序整然と保管しなければならない。

外注先納品，営業倉庫納品等の自社倉庫以外での受入れについては，特に受入日のズレや処理ミス等が発生しやすい。このため，このような取引に関する検収手続および事務処理に関する規程の整備は，必要不可欠である。

3　購買関連取引　137

■仕入計上

㋐　仕入伝票の起票

仕入伝票の起票は，経理規程の基準にそって行われるとともに，仕入先または他部門の作成した伝票等に基づいたものでなければならない。

会計担当者は，仕入伝票起票部門以外の証憑書類と照合して，数量，金額等の内容を検証することにより，不正・誤謬の発生を防止することが必要である。

㋑　仕入帳，仕入先元帳

仕入帳は，仕入取引の内容を明確に把握できるような方式で記帳する必要がある。仕入帳と関連帳簿との照合は，記帳担当者以外の者により，定期的に実施されなければならない。

仕入先元帳には，仕入先ごとの債務の内容を明確に記録しなければならない。また，その記帳担当者は金銭出納業務等，不正の発生する可能性のある業務を担当してはならない。

記帳担当者以外の者が，定期的に仕入先元帳と請求書とを照合することは，当該元帳の内容を正確なものとするために必要である。

㋒　仕入項目等の処理

仕入値引・割戻し等の仕入控除項目，支払手数料やクレーム費用の計上および訂正の記帳は，担当者単独で行うことなく，所定の責任者の承認を得た後に行わなければならない。

期末決算にあたって，期間損益を正確に把握するため，入庫の締切日および返品処理について，会計部署からの通達等により，処理の徹底を図る必要がある。

■支払

㋐　仕入債務の支払

仕入債務の支払に関しても，適切に内部けん制が働く仕組みを構築しなければならない。

具体的には，仕入先からの請求書が，購買部署，会計部署でそれぞれ確認さ

138　第3章　内部監査の具体的チェック項目および留意事項

れたうえ，支払担当部署以外で作成され，かつ，所定の責任者の承認のある支払依頼票に基づき支払が行われることが必要である。

(イ)　仕入先元帳の記帳

仕入先元帳を速やかに記帳し，必要な消込みを行うことは，異常な買掛金の発見を容易にし，また，仕入先別の残高をタイムリーに把握するために必要である。

(ウ)　仕入値引・割戻し，相殺支払の処理

仕入値引・割戻しについては，一定の基準を定め，かつ，所定の責任者の承認を受けて行うこととして，不正・誤謬の発生を防止しなければならない。

また，相殺による支払についても，取引条件を含めて所定の責任者の承認を必要とし，領収書を相互に交換することが必要である。

(エ)　支払手形の振出し

手形用紙の作成者，保管者，手形署名捺印者，銀行届出印保管者が同一であれば，手形の不正発行の危険性が高くなる。このため，同一人物による捺印処理は，内部けん制上避ける必要がある。

支払手形を振り出す場合には，所定の責任者により金額，期日，振出目的等について検閲，承認を受けなければならない。また，支払手形は，支払手形作成者以外の者によって作成された支払依頼票または手形振出依頼書に基づいて，発行されなければならない。

支払手形は，振出時に署名捺印するのが望ましいが，手形枚数が多量のため不可能な場合もある。このような場合，未渡手形の保管については，十分注意しなければならない。

手形の送付は危険を伴うため，郵送の場合には書留，社内便の場合には保険の設定等，必要な措置を講じておかなければならない。

(オ)　手形用紙の管理

手形用紙は，銀行統一様式によらなければならないが，その購入に際しては，所定の責任者の承認を得ることが必要である。

事後のフォローを容易にするため，手形用紙に一連番号を付すことが必要で

ある。前述のとおり，このような連番管理は，内部統制上有効である。また，手形用紙の受払管理を適切に行うために，手形用紙受払帳の作成が不可欠である。

不要ないし長期間未使用の手形用紙は，不正使用を防止するために速やかに処分することが望ましい。

手形用紙にあらかじめ署名または捺印を済ませている場合には，不正または事故の発生原因となる。このため，署名または捺印は，原則として振出時に行うべきである。

取消し，書損じ手形の取扱いがルーズな場合には，不正を誘発するおそれがあるので，その管理には注意が必要である。

(カ) 領収書の発行

領収書の押印をあらかじめ届けられている印鑑と照合することは，事故の発生を防ぐことになる。また，領収書には，対応する請求書を添付しておくことが望ましい。

(キ) 支払手形の補助元帳

支払手形の補助元帳は，手形管理のための基本的な帳簿である。事後的なフォローのためにも必要不可欠のものであることから，整備することが必要である。

■仕入債務の管理

(ア) 買掛金

仕入先元帳担当者以外の者により，毎月または定期的に，総勘定元帳と照合されなければならない。買掛金の残高の妥当性を確かめるため，確認または請求書との照合等，定期的に外部証拠と突合し，不正や誤謬の有無を確かめなければならない。

このようなプロセスにより発見された差異の原因および内容については，担当者以外の者によって調査が行われ，その結果が所定の責任者に報告されることが必要である。

140 第3章 内部監査の具体的チェック項目および留意事項

仕入先からの残高または取引の確認がある場合は、担当者が単独で回答することなく、責任者の承認を得たうえで回答しなければならない。また、回答控は、適切に保管する必要がある。

定期的な残高明細書の作成または年齢調べは、異常残高の発見に役立つ。また、長期間滞留している口座は、担当者はもちろん所定の責任者もその原因および内容を把握していなければならない。

仕入先元帳担当者が長期にわたって同仕入先を担当すると、不正が発生しやすく、また、その発見も遅れるため、一定のローテーションで交替させることが必要である。

(イ) 支払手形

支払手形明細書の作成は、異常残高を明らかにするとともに、資金管理の観点からも必要である。支払手形明細書と支払手形記入帳または総勘定元帳との照合は、担当者以外の者によって行わなければならない。

仕入先との間で定期的に残高確認を行うことにより、実在性、網羅性を確かめることができる。仕入先からの確認に対する回答は、担当者が単独で行うのではなく、所定の責任者の承認を得たうえで、回答しなければならない。また、回答の控は、適切に保管することが必要である。

(ウ) 前渡金

前渡金を伴う取引については、仕入先と取引内容を明確にするために契約書等を取り交わし、前渡金の状況が明らかに把握できるような管理台帳を作成しておくことが必要である。この管理台帳には、支払約定日、納期等を記載し、実際の支払額および対応する仕入高とを対応させ、前渡金処理の徹底を図る必要がある。

前渡金は、対応する仕入高の計上により、精算しなければならない。このためには、前渡金の内容を十分に把握しておく必要がある。

なお、前渡金残高の妥当性を確かめるための方法としては、当該管理台帳の記載内容（支払および納品の予定時期等）を確認するとともに、相手方に残高確認を実施することが有効である。

3 購買関連取引 141

(3) 内部監査上の留意事項

以上のような購買取引により生じる各勘定科目について，内部監査を行うにあたり，どのような事項に留意しなければならないだろうか。

① 仕入高

仕入高の監査の目的は，仕入高が仕入取引の事実に基づき，発生主義の原則に従って，適正に処理されていることを確かめることである。

仕入高の監査実施上の留意事項は，以下のとおりである。

【仕入高の監査上の留意事項】

(i) 購買取引に関する内部統制が十分に整備・運用されていることを調査し，仕入高の取引記録の信頼性を確かめること

(ii) 所定の仕入計上基準が，継続的に適用されていることを確かめること

(iii) 返品，値引，割戻し等の仕入控除項目が所定の手続に従って適正に処理されていることを確かめること

(iv) 仕入高および仕入控除項目に算入してはならない項目が混入していないことを確かめること

(v) 期末日前後の取引の期間帰属の妥当性を確かめるために，仕入高および仕入控除項目の期末締切処理手続（カット・オフ）が適正に行われていることを確かめること

(vi) 仕入高に含むべき運賃，諸掛等の仕入付帯費用が適正に処理されていることを確かめること

(vii) 仕入高が，予定単価等の仮価格で計上されている場合は，その事由および当該単価の決定ならびに精算が適正に処理されていることを確かめること

(viii) 使用高検収および直納等の特殊取引がある場合は，当該取引が適正に処理されていることを確かめること

なお，仕入高が，予定単価等の仮価格で計上されている場合には，特に期末

142　第3章　内部監査の具体的チェック項目および留意事項

日前後の取引において，精算が適正に処理されていることを確認することは重要である。

② 買掛金

買掛金の監査の目的は，買掛金の実在性，網羅性を確かめることである。

買掛金の監査実施上の留意事項は，以下のとおりである。

【買掛金の監査上の留意事項】

(i) 買掛金に関する記録および勘定残高の信頼性を確かめること
(ii) 買掛金の決済が所定の条件どおり行われていることを確かめること
　　　特に，値引，返品，割戻し，相殺等通常の決済以外の減少高については，その処理手続および会計処理の妥当性を確かめること
(iii) 買掛金に含めてはならない項目が混入していないことを確かめること
(iv) 借方残高，長期滞留および係争中の買掛金の有無を確かめること
(v) 翌年の期初における支払額の検討を行い，または必要と認めた場合残高確認を実施して，実在性および網羅性を確かめること

買掛金について借方に残高が生じている場合，長期滞留のものがある場合には，何らかの会計上の操作がなされている可能性もあるから，特に注意が必要である。

③ 支払手形

支払手形の監査の目的は，支払手形の実在性および網羅性を確かめることである。

支払手形の監査実施上の留意事項は，以下のとおりである。

【支払手形の監査上の留意事項】

(i) 支払手形の振出しおよび決済に関して，前述したような内部統制システムが整備・運用されていることを確かめること

(ii) 未使用手形，書損じ手形，未渡手形および手形振出控等の管理が適切に行われていることを確かめること

(iii) 支払手形について，営業債務または設備購入代金の決済，金融手形等の取引内容に応じて，適正に処理されていることを確かめること

(iv) 支払手形の決済が所定の期日どおりに行われていることを確かめるとともに，その処理の妥当性を検討すること

　支払手形についても，未使用手形，書損じ手形，未渡手形および手形振出控等の管理が適切に行われていることを確かめることが必要である。

144　第3章　内部監査の具体的チェック項目および留意事項

4　在庫管理

(1)　取引の特色

次に，在庫管理を取り上げる。

> 　第2章で紹介した第8の事例（工場において棚卸資産が過大計上され，売上原価が過少計上されていた事例）は，在庫管理における内部統制の脆弱性が露見した事例である。

在庫管理に関連する勘定科目としては，棚卸資産や売上原価などがある。以下，それぞれの特色について簡単にコメントしたい。

①　棚卸資産

棚卸資産は，企業の主たる営業活動の対象となる主要項目である。棚卸資産とは，次のいずれかに該当する財貨または用役とされている。

【棚卸資産に該当するもの】

> - ✓ 通常の営業過程において販売するために保有する財貨または用役
> - ✓ 販売を目的として現に製造中の財貨または用役
> - ✓ 販売目的の財貨または用役を生産するために短期間に消費されるべき財貨
> - ✓ 販売活動および一般管理活動において短期間に消費されるべき財貨

なお，棚卸資産を調達手段から区分すれば，次の2つに区分することができる。

【調達手段による棚卸資産の分類】

> - ✓ 外部から購入する棚卸資産（以下「購入棚卸資産」という）

> ✓ 自家製造・生産する棚卸資産（以下「自家製造・生産品」という）

㋐　棚卸資産の計上基準

購入棚卸資産の計上基準は，仕入高の計上基準と同じである。

自家製造・生産品の計上基準は，仕入高の計上基準に準じて，「検査完了基準」を採用するのが最も一般的であるが，個々の企業の実態に応じて，「製造完了基準」を採用する場合もある。

㋑　棚卸資産の取得原価の範囲

棚卸資産の取得原価は，購入棚卸資産にあっては，購入代価に付随費用の一部または全部を加算し，値引きや割戻し額等を控除して算定する。

付随費用として加算する項目は，外部付随費用のうち，引取運賃，購入手数料，関税等の引取費用に限る場合と，外部付随費用全体とする場合がある。さらに，購入事務費・保管料その他の内部付随費用を，取得原価に含める場合もある。

自家製造・生産品については，適正な手続により算定された製造原価をもって，取得原価とすることとなる。なお，製造の過程で生じた，副産物・作業くず・仕損品等については，適正な評価額をもって取得原価とする。

仕掛品のうち，総合原価計算の手続を適用するものについては，完成品換算量に基づいて算定した製造原価を取得原価とする。個別の手続を適用するものについては，当該指図書に集計された製造原価をもって取得原価とすることとなる。

㋒　期末残高の把握

棚卸資産は，企業の主たる営業活動の対象となる主要項目であり，次のような特徴をもっている。

【棚卸資産の特徴】

(a) 取引件数が多く，かつ，金額も多額である
(b) 取引内容も，多種多様である
(c) 不正・誤謬あるいは粉飾が行われやすい

146　第3章　内部監査の具体的チェック項目および留意事項

　会計不正（粉飾決算）は，一般的には，利益を過大に計上することであるが，それに伴い，棚卸資産が過大に計上されていることが多い。

　したがって，棚卸資産については実地棚卸を行い，帳簿棚卸の結果と実地棚卸の結果とを照合して差異を調整し，期末残高を確定することが必要となる。

②　売上原価

㋐　売上原価の計上

　企業会計上，売上原価は，売上高に対応する商品等の仕入原価または製造原価である。売上原価は，期首在庫金額に当期仕入金額を加算し，期末在庫金額を控除することにより算定される。

㋑　売上原価の計上金額

　売上原価に計上される金額には，売上高に個別的に対応する商品等の仕入原価または製造原価のほか，通常の追加原価または事後費用等で，当該売上高に個別的には対応しないものも含まれる。

　このほか，棚卸資産の評価損のうち低価基準を適用する場合の評価損，品質低下・陳腐化等の原因による評価損や棚卸減耗損などで原価性を有するものは，売上原価に含めることとなる。

㋒　売上原価控除項目の処理

　商品・製品を販売以外の目的で使用する場合は，他勘定振替高として売上原価から控除する。また，見本品・自家消費等を，売価または予定価格で処理した場合は，期末に実際原価へ修正することが必要である。

(2)　内部統制上の留意事項

　棚卸資産の計上は，一般的に以下のプロセスをたどる。

【棚卸資産のプロセス】

①検収（受入れ）　→　②保管　→　③払出し

すなわち，①検収（受入れ）は「購買取引」，③払出しは「販売取引」である。このような購買取引と販売取引との間に，企業内において②保管されている状態が，「棚卸資産」として計上されていることとなる。

また，前述のとおり，期首棚卸資産と当期仕入高を合計した金額から，期末棚卸資産を控除した金額が売上原価として計上されることとなる。このため，売上原価は，仕入金額とともに，棚卸資産と密接な関係を有することとなる。

棚卸資産，売上原価に関する内部統制は，

(i) 諸規程の整備・職務分担
(ii) 責任と権限の明確化
(iii) 在庫管理・製造管理
(iv) 会計記録の正確性と信頼性を確保するための会計管理制度の構築

などが該当する。

したがって，棚卸資産，売上原価に関する内部統制とは，

(a) 検収・受入れ
(b) 保管・管理
(c) 払出し・出庫
(d) 残高管理（評価）

等に関する手続の，業務運営上の体制である。

■一般的事項

(ア) 基本方針の設定

棚卸資産や売上原価の管理に関しても，会社の基本方針を設定し，それに基づき，予算の設定および統制を有効に運用することが必要である。

特に，在庫効率・売上原価効率・製造原価効率等を常時管理し，定期的に予算および実績と比較検討する必要がある。

(イ) 規程類の整備

棚卸資産・売上原価に関する事項について，会計制度・処理手続および承認

148 第3章 内部監査の具体的チェック項目および留意事項

規程等を作成することが必要である。会計処理基準に関する規程は，一般に公正妥当と認められる企業会計の基準に準拠していなければならない。

また，前記の諸規程の改廃等に関する規程を整備しておく必要もある。特に，会計処理基準を継続的に適用することは重要であるから，改廃を行う場合には，その基準を厳格に定めておくことが必要である。

(ウ) 職務分掌

棚卸資産・売上原価は，企業の販売取引および購買取引と密接な関係にある勘定科目である。また，取引が多量かつ反復的に行われるため，重要性，相対的危険性が高い。

製造・検収検査・保管に関する業務が同一人の支配下におかれることなく，職務分掌がなされ，内部けん制が十分機能しうる組織としなければならない。

(エ) 関連部署の連携

製造・検収検査・保管業務を行う部署ごとに，相互の連絡を十分行うことは当然である。これに加えて，販売・購買・製造・検収検査・保管・会計担当部署等との情報交換を定期的に行うことにより，在庫効率の向上，不良在庫の減少，棚卸資産の減失の予防等を図ることができる。このような連携や情報の伝達制度を整備することが必要である。

(オ) 棚卸資産の実在性の確認

棚卸資産の実在性を確かめるとともに，帳簿記録の正確性を検証するため，定期的に，実地棚卸を行うことが必要である。少なくとも，年1回以上行う必要があろう。

部外者の無断立入り・盗難等を防止するため，棚卸資産が保管されている工場倉庫等への入出門の際，守衛などによりチェックされる管理体制を構築することが必要である。

火災・盗難等の災害から発生する多額の損失を予防するため，棚卸資産につき，必要かつ十分な付保を行っておかなければならない。また，保険の更改が，定期的に行われ，かつ，所定の責任者の承認を得ることも必要である。

■検収・受入れ

購入棚卸資産の検収・受入れは，購買関連取引と同様である。

○　検収検査

生産品の検査，受入れは，検査担当部署を明確にすることにより，責任と権限を明確にし，不良品等の混入の防止を図ることが必要である。

検査担当部署では，検査規則に基づき，製造指図書と照合するなど，厳格な検査を実施し，検査報告書を作成し，所定の責任者の承認を受けることにより，検査に関する責任の所在を明確にしておかなければならない。

検査報告書控は，会計・保管等の関係部署に回付され，それぞれの関係部署で，製品勘定等の受入れの証拠資料として利用する必要がある。

検査合格品は倉庫扱いとして，保管担当者により物品台帳または現品カード等へ速やかに記載することが，在庫管理上，重要である。

検査不良品は，不良原因および内容を記載した検査不良報告書により製造担当部署に速やかに連絡するとともに，現品を返却し，不良部分の選別および補修を遅滞なく行わなければならない。

管理部署等においては，出来高報告書，検査報告書，検査不良報告書に基づいて，不良発生率を定期的に把握し，所定の責任者へ報告を行う等，不良品発生防止に関する管理を十分に行うべきである。

会計担当部署に回付された製造部門からの出来高報告書は，製品・半製品勘定への振替が正しく行われているかどうかを検証するため，検査報告書控および検査不良報告書控と照合することが必要である。

検査場所においても，検査合格品と検査不良品および未検査品は，明確に区分しておくことが不良品等の混入防止のため，また製品・半製品と仕掛品とを区別するうえでも必要である。

検査に関連する記録および書類が漏れなく，日付順・種類別等に秩序整然と整理・保管されていなければならない。

150　第3章　内部監査の具体的チェック項目および留意事項

■保　管

㋐　棚卸資産保管の留意事項

　棚卸資産は，購入先から直接現場へ引き渡されるものも含めて，すべて継続記録等により，倉庫扱いとして，保管管理部署によって管理されなければならない。

　倉庫の保管担当者の管理責任を果たすため，部外者の倉庫内への入出は許可された者だけに限ることにより，現品の無断持出し等を防止することができる。

　現品は，適正在庫・不良品の発生防止のため，適切な保管設備内で整然と整理保管されていることが必要である。

　保管物品は，検査検収済の良品のみであることが望ましく，検査検収未済品・検査検収不良品は，別に保管・管理することにより，検査検収済の良品に不良品等が混入しないようにしなければならない。

㋑　特別な場合の留意事項

　危険物品や貴金属は，一般の物品より相対的に盗難，紛失等の危険性が高い。火災・盗難等を予防するため，一般の物品とは別の倉庫または同一の倉庫内でも別に仕切って施錠する等の方法で，より厳重に保管・管理することが必要である。

　有効期限または保存期限の定めのある物品は，一定期限が経過すれば商品価値および使用価値等が低下し，陳腐化するおそれがあるので，常に，当該期限を管理しておかなければならない。

㋒　適正在庫の水準

　生産活動および販売活動を，継続的・効率的に維持するうえで，必要在庫量に基づく適正在庫の基準を設けることが，資金負担・不良在庫・過剰在庫の防止等の面で有用である。この適正在庫をもとにし，発注時の管理を有効に行うことが，効率的な在庫管理に資することとなる。

㋓　外部寄託品

　販売委託品（積送品）・加工委託品・営業倉庫寄託品等，会社所有物品で，他の場所に保管されているものも，保管管理部署の管理下におき，帳簿上区分

整理することにより，適正在庫量の管理等が可能となる。また，見本品等の貸出品についても，同様に管理することが必要である。

(オ) 外部からの預り品

販売受託品・加工受託品（無償支給材料等），売上済の預り品など，他社所有の物品で会社が保管するものは，現品を，原則として分離保管して管理することが必要である。また，売上済の預り品については，特に，その理由および預り期間等を明確にする必要があり，合理的な理由がなく預り在庫を保有することは禁止するべきである。

(カ) 不良品等の保管

不良品・陳腐化品・長期滞留品等の物品は，管理上，現品の分離保管・帳簿上の区分整理や，責任者への定期的報告が必要となる。また，評価減など会計処理の検討のためにも，不良品等について十分な情報を入手する体制を整備しなければならない。

■払出し・出庫

(ア) 出荷指図

受注により，その内容に応じて，出荷または製造の指図を行うこととなる。その際，指示を明確にするために，「文書」により，出荷指図書または製造指図書を発行する必要がある。すべての出荷を漏れなく処理し，受注との関連を容易に把握するために，出荷指図書には，あらかじめ一連番号を付しておく必要がある。

出荷指図は，納期を勘案し，迅速かつ適確に行うことが必要であるため，出荷指図書は，所定の承認を受けたうえで，直ちに出荷部署へ回付されることが重要である。また，商品・製品等の出荷は，すべて出荷指図書に基づいて行われる必要がある。

商品・製品等の出荷に基づき，受注台帳にその出荷の事実を記録して，当該取引が完了したかどうかを明確にしておく必要がある。

無断払出し・出庫等による不正を防止するためには，払出請求元責任者の承

認した払出伝票等の証憑書類に基づき，保管担当責任者が承認したもののみが払出し・出庫できるようにすることが必要である。見本品・自家消費等で払い出される場合も同様である。

一度払い出された物品が，当初の払出目的の用途から変更される場合には，払出請求部署が無断で行うことなく，必ず，所定の責任者の承認を得た払出伝票等の証憑書類に基づいて行われなければならない。また，帳簿上の振替処理を適時・適切に行うことが，在庫管理上必要である。

(イ) 出荷報告

出荷部署において，出荷指図書に基づき商品・製品等が出荷された場合は，出荷の事実を文書として記録しておくために，「出荷報告書」を作成する必要がある。出荷報告書には，実際の出荷日を記載し，承認印および担当者印を押印する。

出荷報告書は，商品・製品等の出荷がすべて出荷指図書に基づいて行われていることを確認できるように，また，出荷報告書と出荷指図書とが容易に照合できるように保管しておかなければならない。

このための方法としては，出荷報告書に，これに対する出荷指図書を添付しておく，あるいは各々番号順に保管しておく等の方法がある。

(ウ) 出荷済商品の確認

出荷済の商品等に対しては，得意先（納品先）にその事実を確認するために送り状を送付するとともに，得意先（納品先）から物品受領書を入手し，事後のトラブルに対処できるようにしておく必要がある。

すべての納品について物品受領書を入手していることを確かめるために，出荷報告書に，物品受領書を添付して保管しておかなければならない。なお，直納（直送）による販売のように，納品先と帳合先（得意先）が異なる場合においても，納品先から物品受領書を入手しなければならない。

運送業者，営業倉庫等外部の業者に出荷手続を委託している場合には，委託作業の内容について約定を取り交わしておくとともに，当該業者への出荷依頼，当該業者からの出荷報告を文書により取得する必要がある。

また，納品先からの物品受領書も必ず入手するように，当該業者に要請して

おかなければならない。出荷記録は，外部業者からの出荷か，自社倉庫からの出荷かが明確にわかるようにしておくことが必要である。

(エ) 通常の販売以外の出荷

通常の販売以外の出荷については，それぞれの取引により特殊な手続および会計処理が必要となる。

取引形態に応じて，たとえば，以下のような規程を整備しておく必要がある。

【取引形態および規程内容例】

> 1　役員，従業員に対する販売：特別価格の基準，会計処理基準
> 2　得意先等への無償供与（現物添付）：
>   現物添付等無償供与の基準，会計処理基準
> 3　委託販売委託品：受払記録，会計処理基準，受託品預り書，売上計算書
> 4　副産物・作業くず等の売却：
>   副産物等受払記録，売却価格の基準，会計処理基準
> 5　外注先に対する材料の有償または無償の場合：
>   有償支給の場合の価格の基準，無償支給の場合の受払記録，会計処理基準
> 6　試用販売：受払記録，買取通知書の入手方法，会計処理基準
> 7　現品の交換：現品交換の基準，会計処理基準
> 8　修理品の発送：修理品管理台帳，会計処理基準
> 9　内部売上（工場間等転送）：内部売上価格の基準，内部売上または内部転送
>   処理，内部売上控除および内部利益控除等の会計処理基準
> 10　自社消費：自社消費価格の基準，会計処理基準

(オ) 返品があった場合の処理

返品があった場合には，返品理由を調査のうえ，遅滞なく検品を実施し，検品結果に基づき，返品入庫伝票を起票し，所定の責任者の承認を受ける必要がある。

(カ) 倉庫間等の移管

物品を倉庫間・保管場所間・工場間・支店間等で移管する場合も，保管部署

154　第3章　内部監査の具体的チェック項目および留意事項

が無断で行うことなく，必ず，所定の責任者の承認を得た，払出伝票等の証憑書類に基づいて行われなければならない。また，在庫管理上，現品の移管を適切に管理し，帳簿上の振替処理を適時・適切に行わなければならない。

(キ)　期末締切手続

期末決算にあたって，適切な勘定残高等を把握するため，払出し・出庫の期末締切処理手続（カット・オフ）を会計部署からの通達等により指示し，業務処理の徹底を図ることが必要である。

(ク)　不良品等の処分

不良品・陳腐化品等の物品を処分（売却または廃棄）する場合は，稟議書等により，所定の責任者の承認を得たうえで，保管担当者が行わなければならない。

原材料等のうち，不要品・過剰在庫品等を売却する場合も，同様に，稟議書等により，所定の責任者の承認を得たうえで，保管担当者が行うことが必要である。

■残高管理

(ア)　補助元帳の整備

棚卸資産の各項目に，継続記録による帳簿棚卸の制度を設け，補助元帳として整備しておかなければならない。補助元帳は，数量のみの場合，金額のみの場合および数量・金額をあわせている場合があるが，重要な棚卸資産は，数量・金額併用のものであることが必要である。

(イ)　補助元帳の受払記録

補助元帳による受払記録は，保管担当者の不正・誤謬等の発生の防止および発生した不正・誤謬等の発見のため，現物管理とは別に，保管担当者以外の者によって検証されることが，内部けん制上重要かつ有効である。

補助元帳による受払記録は，受入れおよび払出しについて，それぞれの責任者の承認のある証憑書類に基づいて行うことが必要である。

補助元帳の記帳の正確性の保持および受払記録に係る不正・誤謬等の発生の防止のために，記帳担当者以外の者により定期的（できれば毎月）に補助元帳

と総勘定元帳とを照合しなければならない。

　㋑　補助元帳の残高確認

　補助元帳の残高は，棚卸資産の実在性を確かめるため，実地棚卸の結果と照合することが必要である。

　この照合の結果，差異が発見された場合は，その発生原因を分析し，原因別に帳簿棚卸の記録を修正しなければならない。この修正は，責任の明確化のために，記帳担当者の判断でなく，購入・保管・販売・会計等各部署の所定の責任者の承認のもとに行うことが必要である。また，棚卸差異の原因分析の結果，今後の異常な差異の再発防止のために，現品管理などでの改善案等の検討を行うことも有用であろう。

■評　価

　○　棚卸資産の評価

　不正・誤謬・粉飾等を防止するために，棚卸資産の評価が，自社の定めた基準に基づき，責任者の承認のもとに行われていることが必要である。

(3)　内部監査上の留意事項

　以上のような，棚卸資産，売上原価取引の勘定科目の特色を勘案して，内部監査を行うにあたり，どのような事項に留意しなければならないだろうか。

①　棚卸資産

　棚卸資産の監査の目的は，棚卸資産の実在性と網羅性を確かめ，評価の妥当性を検討し，かつ，受払管理が適正に行われていることを確かめることである。

　棚卸資産の監査実施上の留意事項は，以下のとおりである。

【棚卸資産の監査上の留意事項】

（i）　棚卸資産に関する内部統制が十分に整備・運用されていることを確かめるこ

156　第3章　内部監査の具体的チェック項目および留意事項

> とにより，棚卸資産に関する取引記録の信頼性を確かめること
> (ii) 棚卸資産の実在性と網羅性を確かめるために，実地棚卸に立ち会うこと
> (iii) 棚卸資産の期末残高の妥当性を確かめるため，期末締切処理手続（カット・オフ）が適正に行われていることを確かめること
> (iv) 棚卸資産の評価基準および評価方法が，所定の基準に従って，継続して適用されていることを確かめること
> (v) 評価減・他勘定振替高等，販売・製造・消費以外の減少高に関する処理手続および会計処理の妥当性を確かめること
> (vi) 棚卸資産の評価の妥当性を確かめるために，
>   ● 不良品，陳腐化品，長期滞留品，過剰在庫品等を把握すること
>   ● 時価を把握し，原価と比較すること
>   ● 内部振替価額に含まれる内部損益が控除されていることを確かめること
>   ● 原価差異の期末調整計算が正しく行われていることを確かめること
>   ● 未成工事支出金等につき，含み損失の有無を確かめること
> (vii) 棚卸資産の原価に算入してはならない非原価項目および棚卸資産以外の項目の混入がないことを確かめること

　特に，棚卸資産の実在性については，次に述べる「実地棚卸」を厳格に行わなければならない。

② 実地棚卸の立会手続

(ア) 全般事項

　実地棚卸とは，棚卸資産の残高を確認するために，実際に現物を点検・計量する手続をいう。実地棚卸の立会とは，担当者が行う実地棚卸の現場に監査人が同席し，その実施状況を観察し，場合によってはその一部について実際にカウントすることによって，在庫数量の妥当性を確かめることをいう。

　実地棚卸の立会は，棚卸資産の残高を確認するという目的のほか，棚卸資産の記録と実態の乖離を修正し，不良品，陳腐化品等の発生原因の究明，予防措置の検討を行うことなど，棚卸資産に関する会計管理，現物保全制度および内部けん制組織等に関する内部統制の評価を行うためにも必要である。

(イ) 実地棚卸および立会の時期，場所

実地棚卸は，事業年度中に少なくとも一度は実施しなければならない。内部監査担当者の実地棚卸の立会は，監査対象部門の実地棚卸の時期に合わせて行うことが必要である。

実地棚卸立会の範囲（事業場の選定）は，監査計画策定時において，必要人員を確保するために，監査計画書において明確に定めるべきである。監査計画書には，どのように立会事業所をローテーションするか，その時期についてのスケジュールを含めることが望ましい。

立会のローテーションは，棚卸資産の属する事業場の重要度を勘案して，決定するべきである。この場合，物流制度の整備状況，保管倉庫の物品管理の状況等を考慮し，これらが脆弱な事業場に対しては，重点的に立ち会うことを検討しなければならない。

なお，換価性が高いなど不正の発生の危険度の高い在庫品，長期滞留品や返品による在庫品のように，金額の重要性のみではなく，監査対象の相対的危険性について考慮することが必要である。

(ウ) 実地棚卸計画を策定する際の留意事項

立会実施上の具体的な留意事項として，まず，実地棚卸計画を検討する際の留意事項は，以下のとおりである。

【実地棚卸計画を検討する際の留意事項】

(i) 実地棚卸の実施に先立って，あらかじめ担当部署が策定している棚卸計画を検討し，不備があれば担当部署に改善を求めること
(ii) 実地棚卸時に現場を視察し，棚卸担当者に質問し，かつ，抜取検査を行い，実地棚卸があらかじめ定められた棚卸手続に準拠して行われているかどうかを確かめること
(iii) 棚卸原票，棚卸明細表等を閲覧，調査し，実地棚卸の全作業が的確に実施され，帳簿との差異原因の分析が綿密に行われたことを確かめること

立会に際して，立会の対象となる棚卸資産に関して，予備知識を得る必要がある。すなわち，監査対象部門が製造・販売している商品・製品および原材料の概要を把握し，物品の性格に応じた数量の計算方法，品質の判定方法等を知ることなど，これらの物品の棚卸について必要な知識を，事前に修得しておくべきである。

具体的な内容としては，たとえば，不良品・長期滞留品等の判定方法，棚卸物品の測定基準，仕掛品の進捗率の把握方法，測定器具の取扱い方法等などである。

㈰　実地棚卸に立ち会う際に確認するべき事項

次に，監査担当部署が実施する実地棚卸に立会をする際に確認するべき事項としては，以下のようなことが考えられる。

【監査担当部署が実施する実地棚卸に立ち会う際の確認事項】

(i)　実地棚卸について棚卸実施規程が整備されているかどうか
(ii)　棚卸対象資産と対象外資産とを区分する処置がとられているかどうか
(iii)　実地棚卸の実施時期は，会社業務上および財務会計上適切な時期であるかどうか
(iv)　棚卸の事前準備（所管部署からの指示書等）について，考慮が払われているかどうか
(v)　実地棚卸対象品が，漏れなく現品調査されることを確保する方法を完備しているかどうか。なお，このための方法としては，一般的に棚卸原票を使用する方法と，実地棚卸表を使用する方法とがある
(vi)　棚卸原票を使用する場合，一連番号を付したものが用いられているかどうか
(vii)　実地棚卸は，実在数量を直接確認することとなっているかどうか。すなわち，棚札等の棚卸資産の受払記録に依存することなく，現品調査の結果のみに基づいて数量を確定する方式がとられていることが望ましい
(viii)　数量のみの確認ではなく，棚卸対象資産の品質等（品質低下，陳腐化，減損）の状態を調査することとなっているかどうか
(ix)　実地棚卸は，保管担当者以外の者が中心となって実施することとなっているかどうか
(x)　現品調査は，保管担当者以外の者で当該物品に関する知識を有する者によっ

て行われることが望ましいが，その際，現品調査のミスを防止する手段がとられているかどうか

(xi) 棚卸日または棚卸基準日における締切処理手続（カット・オフ）は，適切になされているかどうか

(xii) 事後処理（数量の集計，差異原因の分析，会計処理等）が，タイムリーに行えるように配慮されているかどうか

実地棚卸は，期末の在庫品の数量を確定する手続であるから，厳格になされなければならない。また，数量カウントの網羅性に問題が出ないように行われなければならない。

この点，第2章で紹介した第8の事例（工場において棚卸資産が過大計上され，売上原価が過少計上されていた事例）においては，加工中の仕掛品が完成品として計上される，材料等が架空計上されるなどの不正な処理が行われていた。それにもかかわらず，実地棚卸の際には，仕掛品および完成品に貼り付けた棚札には棚卸時の実数を記載する一方，集計用の棚札については帳簿に沿う数値に書き換えることなどの操作が行われていたのである。実地棚卸は，棚卸資産現物を確認することにより，棚卸資産の過大計上，架空計上の端緒をつかむ有効な手段である。実地棚卸を，網羅的かつ正確に行う体制を構築しなければならない。

③ 売上原価

売上原価の監査の目的は，売上高に対応する原価が適正に処理されていることを確かめることである。

売上原価の監査実施上の留意事項は，以下のとおりである。

【売上原価の監査上の留意事項】

(i) 売上高に対応する原価（追加原価・事後費用の見積計上等を含む）が漏れなく計上されていることを確かめること

(ii) 返品に伴う原価が売上原価から適正に控除されていることを確かめること

160 第3章 内部監査の具体的チェック項目および留意事項

(iii) 売上原価に算入してはならない項目が混入していないことを確かめること
(iv) 期末日前後の取引の期間帰属の妥当性を確かめるために，売上原価の期末締切処理手続（カット・オフ）が適正に行われていることを確かめること
(v) 原価差異の期末調整計算が正しく行われていることを確かめること
(vi) 内部取引高および内部損益の控除に関する期末処理の妥当性を確かめること

　再三述べているとおり，売上原価は，期首在庫金額と仕入高との合計から，期末在庫金額を控除した金額となるため，期末の在庫金額が過大になっていると，売上原価は過少計上され，結果的に利益が過大に計上されることとなる。特に，在庫の過大計上の結果としての，売上原価の過少計上には十分に留意する必要がある。

5 販売費及び一般管理費

(1) 取引の特色

販売費及び一般管理費は，財やサービスを生み出すために直接要した費用ではないものの，企業を運営するために必要な費用をいう。一般的に，売上高とは関係なく，固定的に発生する事業遂行上の費用である。

まず，販売費は，販売に関する経費であり販売活動において直接要した費用をいい，販売手数料，販売促進費，宣伝広告費などが該当する。

また，一般管理費とは，企業全体を運営，維持し管理するために要した費用をいい，間接部門（人事，経理，役員等）の人件費（給与，賞与，諸手当），間接部門が入居する事務所を運営するための費用（光熱費，家賃，減価償却費等），租税公課，会社全体の福利厚生費，その他の経費（交際費，旅費交通費，通信費等）などが該当する。

> 第2章で紹介した第7の事例（連結子会社の事業部部長による広告宣伝費の計上時期の繰延行為の事例）は，販売費における内部統制の脆弱性が露見した事例である。

(2) 内部統制上の留意事項

前述のとおり，販売費及び一般管理費は，会社の事業活動に必要な，固定的な費用である。このため，販売費及び一般管理費に関する内部統制は，

① 業務に関する職務分担制度
② 支払手形，前渡金等，購買取引に伴って生ずる債務および資産の管理
③ 購買に関する取引について会計記録の正確性，信頼性を確保するための会計管理制度

162 第3章 内部監査の具体的チェック項目および留意事項

等が該当する。

(i) 一般的事項

販売費及び一般管理費については，個々の支出にあたって，その必要性および金額についての目安が，必ずしも客観的に明確ではない。

したがって，事前に予算を設定し，それに基づいて適切に統制していくことが，浪費の防止に役立ち，かつ，利益管理上必要とされる。

(ii) 規程類の整備

販売費及び一般管理費についての業務運営に関する内部統制を整備するためには，これに関連する事項についての処理手続および承認手続等を規程化しておくことが必要である。

(iii) 職務分掌

販売費及び一般管理費に関する各業務が同一人の支配下に置かれることなく，職務権限が分割され，内部けん制が十分機能しうるような組織でなければならない。

■発生部署

(ｱ) 承認手続

各部署において，業務上必要な経費支出を要する場合には，必ず所定の責任者の承認が必要である。また，その手続を明確にするために，支出伺書（支出申請書）を作成し，それに承認印等の明示が必要である。

一定金額を超えるなどの支出にあたっては，所属部署の責任者の承認手続だけでなく，規程上，たとえば稟議書等により，さらに上位者の承認手続を必要とすべきである。

(ｲ) 外部証憑書類との突合

支払先からの納品書または請求書の内容が，事実と一致していることを確認

する必要がある。承認済の支出伺書の内容が事実と一致していることを確かめるために，納品書または請求書と照合する必要がある。

発生部署における予算統制の徹底のために，発生部署において伝票を起票し，その際，費目および摘要を記載しなければならない。

(ウ) 支払部署，記帳部署における突合

支出伺書（または支払伝票）は，支払部署および記帳部署に回付され，その後の必要な処理手続が実施される。この場合，その内容および事実関係が確かめられるように，請求書等の証憑書類を添付して回付する必要がある。

(エ) 期末における期間帰属の確保

期末決算にあたって，期間損益を正確に把握するために，会計部署からの通達等により，発生費用の未払額等について処理の徹底を図るべきである。

(オ) 予算統制

予算統制を有効に運用するために，少なくとも毎月1回は予算と実績との比較を行い，差異原因を分析し，必要に応じて改善措置を講じることが必要である。

■支払部署

(ア) 発生部署の承認手続の確認

承認済の支出伺書に基づき支払が行われることとなる。支払に際しては，当該支出伺書上に発生部署の承認および請求書等との照合が明確に行われていることを確かめなければならない。

(イ) 発生部署の承認手続の確認

支出にあたっては，支払部署の責任者の承認手続が必要である。

支払の事実を証するために，支払先から領収書を入手しておかなければならない。銀行振込みにより領収書を発行されない場合には，その旨の念書を取り交わしておくことも検討しなければならない。また，自動引落しによる場合には，払込通知書等の裏づけ資料を入手しておくことも必要である。

(ウ) 仮払金処理

仮払金の申請にあたっては，所定の申請書に摘要，金額，精算予定日を明示

164　第3章　内部監査の具体的チェック項目および留意事項

して，所属部署の責任者の承認を得なければならない。また，精算が長期化している場合には，当該仮払金の精算について督促することが必要である。

■記帳部署

㋐　会計処理のための確認

会計処理にあたっては，その支出内容を支出伺書および請求書等により内容を吟味して，費目分類の妥当性を確かめる必要がある。

㋑　異常項目への対応

支出内容の吟味の結果，支出目的に疑義がある場合および予算超過の場合等，異常項目と思われる事項については，記帳部署として発生部署に問い合わせ，内容を十分に把握したうえで会計処理し，状況によって必要な措置を講じなければならない。

㋒　支出を伴わない費目

支出を伴わない費目については，その内容を適切な裏づけ資料により把握し，費目分類および金額の妥当性を確かめる必要がある。

㋓　補助元帳による管理

補助元帳残高は，月次，半期等定期的に記帳担当者以外の者により総勘定元帳と照合されなければならない。

㋔　予算統制

予算統制のための管理資料として，発生部署別および月次等に予算と対比した費目別の集計表を作成しておくことが必要である。

(3)　内部監査上の留意事項

以上のような，販売費及び一般管理費の特色を勘案して，内部監査を行うにあたり，どのような事項に留意しなければならないだろうか。

販売費及び一般管理費の監査の目的は，販売費及び一般管理費が取引の発生の事実に基づき，適正に処理されていることを確かめることである。

販売費及び一般管理費の監査実施上の留意事項は，以下のとおりである。

【販売費及び一般管理費の監査上の留意事項】

① 販売費及び一般管理費に関する内部統制（予算統制を含む）が十分に整備・運用されていることを調査し，販売費及び一般管理費の取引記録の信頼性を確かめること

② 所定の計上基準が発生主義の原則により処理されていること，かつ，継続的に適用されていることを確かめること

③ 費目の分類が継続的に，適正に行われていることを確かめること

④ 事業目的に照らして，支出内容に疑義のないことを確かめること。疑義のある場合は，監査役に連絡する等の措置を講じること

⑤ 資本的支出とすべきもの，収益から控除すべきもの，費用から控除すべき入金額等が含まれていないことを確かめること

⑥ 販売費及び一般管理費以外の，製造原価，売上原価，営業外費用，特別損失または法人税等として処理すべきものが含まれていないことを確かめること

⑦ 月次引当計上額が，期末において適正に決算整理されていることを確かめること

⑧ 社内手数料，社内賃借料等の社内管理目的のために設けられる社内費用が，期末に適正に消去処理されていることを確かめること

⑨ 無償供与の有無を確かめること

　以下の費目は特に事故が生じやすいので，個別的に監査上の留意事項を記載する。いずれの費目もキックバック，相手先との癒着につながる可能性のある勘定科目であるため，支出先，支出内容，支出額の適切な確認検証が必要となる。

(i) 販売手数料

　販売手数料に関する契約先を把握し，契約書等により，その取引の妥当性を確かめることが必要である。

　また，契約内容に基づき，該当する売上取引に対応して，販売手数料が適正に期間費用として処理されていること，売上控除項目として処理すべきもの（売上割戻し等）が含まれていないことを確かめることも必要である。

166　第3章　内部監査の具体的チェック項目および留意事項

(ii) 広告宣伝費

　大口の広告宣伝について，年間計画に基づき，所定の承認手続を経て適切に管理されていることを確かめるべきである。

　また，広告代理店を採用している場合には，詳細な内容の稟議書等による所定の承認手続を経ていることを確かめる。

　広告宣伝の効果が明らかに次期以降に発現すると認められる場合には，費用の期間対応について検討することが必要である。

　第2章で紹介した第7の事例（連結子会社の事業部部長による広告宣伝費の計上時期の繰延行為の事例）は，まさにこの費用の期間対応について，業績が悪化することを避けるために，取引先と合意して費用を不適切に繰延べた事例である。

(iii) 交際費

　交際費支出について，特別の承認手続を必要とする場合には，その実施状況を確認するべきである。

　また，支出伺書に接待先，接待目的および会社同席者が明示されており，支出内容に疑義のないことを確かめる。

　渡切り交際費については，所定の承認手続を経て作成された内規に従って支出されていることを確かめる。

　渡切り交際費が多額に発生している場合には，内部統制に関する勧告書等に記述すべきかどうかを検討するとともに，監査役へ当該事項を連絡する等必要な措置を講じるべきである。

6 子会社および関連会社に対する監査

子会社および関連会社（以下「子会社等」という）に対する監査も，必要に応じて実施されることとなる。

> 第2章で紹介した第1の事例（従業員が，協力会社に対して，外注費の水増し発注，架空発注を繰り返した事例）は，子会社等における内部統制の脆弱性が露見した事例である。この事例においては，主要な連結子会社であるS社の従業員が不正行為を行っていた。
>
> また，第6の事例（代表取締役が，取引先を経由させて社外流出させたグループ子会社の資金を横領した事例）は，経営者による内部統制の無効化の事例であるが，子会社の資金を，当該子会社の取引先と架空取引により流失させた事例である。これも子会社の内部統制の脆弱性が問題となったものと考えていいだろう。
>
> さらに，第7の事例（連結子会社の事業部部長による広告宣伝費の計上時期の繰延行為の事例）も，連結子会社の事業部部長が，広告宣伝費の費用の繰延べを行った事例である。

このように，子会社等における不正・不祥事の発生事例は数多い。子会社等を監査する場合には，不正が発生する可能性に十分留意したうえで行わなければならない。

子会社等に対する監査における，主な検討事項等は，以下のとおりである。

(1) 往査する子会社等の選定

往査する子会社の選定は，基本的にローテーションで行うこととなるだろう。往査先子会社選定の考慮事項は，以下のようなことが考えられる。

168　第3章　内部監査の具体的チェック項目および留意事項

【往査する子会社等の選定のための考慮事項】

> ✓ 会社の規模：売上高，総資産，従業員数等
> ✓ グループ間取引の特殊性
> ✓ 当該子会社等の属する業種の特性
> ✓ 前回の監査の実施結果
> ✓ 往査する子会社に関するローテーションの状況

　往査対象となる子会社は，売上高や総資産といった量的重要性から選定されることが多いと思われる。しかし，不正は，必ずしも量的に重要な子会社等からのみ発生するわけではない。むしろ，規模の小さい子会社等のため，マンパワーが不足している場合等には，長期間にわたる不正の温床になっていた，という事例は数多い。M&Aにより子会社になったばかりの会社や，海外子会社など，質的な重要性も含めて，往査する子会社を選定するべきである。

(2)　往査時期の決定

　子会社等への往査の時期は，期中に実施する場合と，期末に実施する場合とがある。

　往査時期は，当該子会社等への過去の往査状況，子会社等の重要性，相対的危険性を考慮して，期中に往査するのか，期末に往査するのかを決定することとなる。

(3)　監査上の留意事項

　子会社等の監査について，監査すべき対象は，個々の状況によってさまざまである。以下では，特に販売取引，債権および入金管理，在庫管理，営業経費を監査するにあたっての留意点について述べる。

①　販売取引

　子会社等の販売取引の監査における留意事項は，以下のとおりである。

6　子会社および関連会社に対する監査　169

【子会社等の販売取引の監査における留意事項】

(ⅰ)　内部統制が十分に整備・運用されていることおよび取引記録の信頼性を確かめる

(ⅱ)　所定の売上計上基準が継続的に適用されていることを確かめる

(ⅲ)　売上控除項目が所定の手続に従って処理されていることを確かめる

(ⅳ)　以下により，期末日前後の取引の期間帰属の妥当性を確かめる

　㋐　期末日または基準日締切処理手続（カット・オフ）が適正に行われていることを確かめる

　㋑　期末日後の重要な売上戻り，値引，割戻しが実質的に当期に属するものでないことを確かめる

　㋒　未出荷売上がある場合，実現主義に基づく売上として認められるかどうかを確かめる

(ⅴ)　グループ間取引で異常な取引がないことを確かめる

②　債権および入金管理

　子会社等の債権および入金管理の監査における留意事項は，以下のとおりである。

【債権および入金管理の監査における留意事項】

(ⅰ)　内部統制が十分に整備・運用されていることを確かめる

(ⅱ)　実在性を確かめるために，サンプリングにより帳簿記録と原始証憑の突合を実施する

(ⅲ)　以下により，売掛金の回収可能性を検討する

　(a)　年齢調べ等により回収状況を検討する

　(b)　得意先の信用状態の確認状況を検討する

(ⅳ)　入金が支払条件どおりに行われていることを確かめる

(ⅴ)　入金に対応して発行される領収書の管理・統制状況を確かめる

(ⅵ)　売上代金の入金が，適切に管理されていることを確かめる

170　第3章　内部監査の具体的チェック項目および留意事項

③　在庫管理

子会社等の在庫管理の監査における留意事項は，以下のとおりである。

【在庫管理の監査における留意事項】

> (ⅰ)　内部統制が十分に整備・運用されていることおよび受払記録の信頼性を確かめる
> (ⅱ)　実地棚卸に立ち会い，残高および受払記録の正確性を確かめる
> (ⅲ)　期末日または基準日の締切処理手続（カット・オフ）の妥当性を検討する
> (ⅳ)　評価方法の継続性と評価の妥当性を確かめる

④　営業経費・外注費

子会社等の営業経費・外注費の監査における留意事項は，以下のとおりである。

【営業経費・外注費の監査における留意事項】

> (ⅰ)　内部統制が十分に整備・運用されていることおよび取引記録の信頼性を確かめる
> (ⅱ)　費目分類の妥当性を検討する
> (ⅲ)　発生主義の原則に従って営業経費が認識され，適切に会計処理されていることを確かめる
> (ⅳ)　支出内容に異常性がないか検討する
> (ⅴ)　支払手続に関し，権限者による承認があることを確認する
> (ⅵ)　社内手数料，社内賃借料等社内管理目的のために設けられる計算費用が，正確に把握されていることを確かめる

　第2章で紹介した第1の事例（従業員が，協力会社に対して，外注費の水増し発注，架空発注を繰り返した事例）は，主要な連結子会社の従業員が，協力会社と共謀して，当該「営業経費・外注費」に該当する，外注費の水増し・キックバッ

クの受領，架空発注などを行っていた事例である。この事例では，現場担当者によって水増し・キックバック等の不正行為が行われる可能性について，そのリスクをふまえた内部統制が整備されていなかった。このため，内部監査や支店監査において，「現場不正」という観点からの監査が行われることはなく，残念ながら，不正を防止し，また内部監査によっては，不正の早期発見をすることができなかったのである。

　また，第7の事例（連結子会社の事業部部長による広告宣伝費の計上時期の繰延行為の事例）は，連結子会社の事業部部長が，本件「営業経費・外注費」のうち，広告宣伝費の費用の繰延べを行ったものである。

　前述のとおり，子会社における不正事例は数多い。このような子会社の不正発生事例をふまえて，どのような管理体制や内部監査を行っていくか検討していくことが必要であろう。

■■主要参考文献■■

日本内部監査協会「内部監査基準」（平成26年改訂）

日本公認会計士協会　監査マニュアル

金融庁企業会計審議会　内部統制の基本的枠組み（案）

近江正幸＝中里拓哉『中堅・中小組織の内部監査』（白桃書房，2014）

〔編著者紹介〕

樋口　達（ひぐち　わたる）

東京大学経済学部経済学科卒業，弁護士，公認会計士，公認不正検査士

大手門法律会計事務所代表パートナー（https://www.ootemon-law-ac.com/）

丸紅建材リース株式会社社外取締役（監査等委員），オルガノ株式会社社外監査役

〔主な著書・論文（単著・共著）〕

- 「【連載】法務部に伝えたい"実効的"内部監査のコツ」月刊ビジネス法務2019年5月号〜11月号）
- 『実例に学ぶ　企業の実情を踏まえたガバナンスの開示』（商事法務，2018）
- 「子会社の非常勤監査役の心構えと対応ポイント」旬刊経理情報2017年11月20日号
- 『株主還元の実態調査』（別冊商事法務 No. 410）
- 「議論活性化のための資料・情報提供と取締役会評価」Business Law Journal 2016年6月号
- 『会計不正が株主総会に与える影響の事例分析』（別冊商事法務 No. 390）
- 「会計不正の調査委員会に経理部はどう対応するか」旬刊経理情報2014年8月1日号
- 『法務Q＆A　会計不正　対応と予防のポイント』（中央経済社，2014）

など

〔著者紹介〕

高橋　龍徳（たかはし　りょうとく）

慶應義塾大学商学部卒業，公認会計士，税理士

日比谷総合会計事務所代表パートナー（http://hibiya-sogo.com/）

ジューテックホールディングス株式会社社外監査役

株式会社 Melk 社外監査役

〔主な著書・論文（単著・共著）〕

- 『経営に活かす有利な税務選択』（ぎょうせい，1998）
- 「民事再生法・特定調停法における貸倒処理の留意点」月刊税務弘報2001年2月号
- 「法務と税務　特定調停法の適用とその税務」月刊税2000年12月号

など

山内　宏光（やまうち　ひろみつ）

中央大学法学部法律学科卒業，中央大学大学院法学研究課刑事法専攻博士前期課程修了，弁護士

奥・片山・佐藤法律事務所パートナー（https://okslaw.jp）

〔主な著書・論文（単著・共著）〕

・「財務事項を中心とした本年株主総会の想定問答」旬刊経理情報2019年4月10日号

・『会社役員のリスク管理実務マニュアル―平時・危急時の対応策と関連書式』（民事法研究会，2018）

・『会社法実務大系』（民事法研究会，2017）

・『会計不正が株主総会に与える影響の事例分析』（別冊商事法務 No. 390）

・「会計不正の調査委員会に経理部はどう対応するか」旬刊経理情報2014年8月1日号

・『100分でわかる企業法務』（角川書店，2014）

など

事例でわかる不正・不祥事防止のための内部監査

2019年10月1日　第1版第1刷発行

編著者	樋	口		達
著　者	高	橋	龍	徳
	山	内	宏	光
発行者	山	本		継

発行所　㈱中央経済社

発売元　㈱中央経済グループ
　　　　パブリッシング

〒101-0051　東京都千代田区神田神保町1-31-2
　　　電話　03 (3293) 3371 (編集代表)
　　　　　　03 (3293) 3381 (営業代表)
　　　http://www.chuokeizai.co.jp/
　　　印刷／昭和情報プロセス㈱
　　　製本／㈲井上製本所

©2019
Printed in Japan

＊頁の「欠落」や「順序違い」などがありましたらお取り替え
いたしますので発売元までご送付ください。(送料小社負担)

ISBN978-4-502-32151-1　C3032

JCOPY〈出版者著作権管理機構委託出版物〉本書を無断で複写複製 (コピー) する
ことは，著作権法上の例外を除き，禁じられています。本書をコピーされる場合は
事前に出版者著作権管理機構 (JCOPY) の許諾を受けてください。
JCOPY〈http://www.jcopy.or.jp　eメール：info@jcopy.or.jp〉